ジョン・キム 著

女の子が自力で生きていくために必要なこと

WAVE出版

はじめに

僕のところには、女性たちからこんな悩みがよく寄せられる。

ＳＮＳで素敵な女性の様子を見ては自分と比較して、いつも落ち込んでいます。
これまでがんばってきたのに、まったく報われません。
自分を満たすとは、どういうことなんでしょうか。
どうしたら自分が好きになれますか。どうすれば幸せになれますか――。

僕は韓国で生まれ、19歳で日本に留学、クラスメイトだった日本人と学生結婚し、その後25年間、韓国、日本、米国、ドイツ、イギリス、フランス、イタリア、スペイン、オーストリアの９カ国で過ごしてきた。

その中でも日本は、僕にとっては第二の母国で、文化も、人々の精神性も、心から愛している。こんなにも正直で、清潔で、繊細で、人に配慮のある国民は、ほかにはいないと思う。日本の大学で10年間、特任准教授として学生を指導していたときも、心優しく、出世やお金を稼ぐことよりも、どうしたら人や社会に貢献できるかを考える学生がほとんどだった。

ただ、こんなに素晴らしい日本人についても、一つだけずっと気になっていることがある。それは、「日々、幸せを感じながら生きている人が少ない」ということ。

とくに女性は、誰かのためにはがんばれても、「自分のためにがんばる」ことは得意じゃない。いつもどこかで我慢しながら、人から受け入れられることを考えて、「自分のためにがんばる」ことには、後ろめたさや罪悪感だって抱いている。

家ではいつも〝いい子〟を演じ、両親に褒められるために、彼らをがっかりさせないためにがんばってきた。学校では模範生を演じ、職場ではいつの間にか従順な羊になっている……。心のどこかでは、誰にも媚びない野良猫になって「自由に生きたい」と思いながらも、それをなかなか行動に移せないまま、モヤモヤ、イライラしているんだ。

人から「わがまま」と言われることを極端に嫌って、所属する群れの空気を読んで、できるだけ目立たないように、ときには従順さをアピールしながら、結果的には「人に媚びない人生」から程遠い生き方をしている人もいるだろう。

でも、「自分の意志」で生きることを恐れ、それを放棄してしまうことはとても悲しいこと。「自分の意志」を封印し、人への貢献という名の下で我慢ばかりしていると、心と体のバランスが崩れて、体調まで崩してしまう。

僕は今でこそ、人から羨ましがられるライフスタイルを送っているように見えているかもしれないけれど、最初から恵まれた環境にいたわけじゃない。家庭にいろいろあって、小学生のころから一人暮らし。家には借金があり、そのせいもあって親戚は一切寄り付かず、代わりに毎日、借金取りが押しかけてきては居座っていた。

明日のことを考える心の余裕なんてまったくなくて、学校と新聞配達を終えて家に帰ったら、心身ともに疲れて寝落ちする日々。留学も、奨学金がなかったら叶わなかったし、博士号を取って大学准教授になる30歳までは、お金とは無縁の生活だった。

日本で出会い、学生結婚した妻との海外留学生活では、毎日が材料費の安いチャーハンやスパゲティの自炊で、スタバに行けば1杯のコーヒーを2人でシェア。外食しても1人1000円以内で、妻は大好きなアップルパイを頼むかどうかでいつも悩んでいた。

あのころは、誰よりも不安と焦りでいっぱいで、将来に対する確信なんて、全然なかった。でも、「自分の望む未来」に向けてがむしゃらにがんばっているという実感はあって、いつも愛する人がそばにいてくれたから、「辛い」と感じたことは一度もなかったんだ。

みなさんの中には、日々の仕事に忙殺されて、生活に余裕のない人もいるだろう。「自分の望む未来」について、明確なイメージを描けずに、もどかしく感じている人や、自分が成長しているという実感がまったくなくて、今がんばっていることが「自分の未来」につながっているのかどうか、自信を持てないでいる人も大勢いると思う。

本書は、そうした自分の未来に不安を感じ、日々の生活にワクワクできないでいるみなさん——僕の妹たち——に向けて書くことにした。僕が世界を飛び回りながらゼロから切り開いてきた人生の体験や学びを通して、一人でも多くの女性に、これからの人生を自力で、自由に美しく、幸せに生きていってもらえれば、それほど嬉しいことはない。

この本を読んだあとに、日常を眺めるみなさんのまなざしが、万華鏡のようにきらきら輝いてくれることを心から願って。

ジョン・キム

2018年2月

『女の子が自力で生きていくために必要なこと』目次

第1章 なぜか幸せじゃないのは、なぜ？

第2章

わたしの幸せって、なんだろう

第3章

感情で自滅してませんか？

第4章

お金がもっとあったなら

第5章

好き×超一流の仕事術

第6章

前に進めないときは

第7章

習慣を変えるだけでいい

第8章

人間関係でつまずいたら

第9章

思いどおりにいかない恋愛には

第10章 結婚で不幸にならないために

第11章

旅で力を呼びさまそう

装画　北澤平祐
装丁・本文デザイン　加藤愛子（オフィスキントン）
ＤＴＰ　ＮＯＡＨ

第1章

なぜか
幸せじゃないのは、
なぜ?

どうして自力や自立が必要なの？

この世の中の男性と女性は、本当に不公平にできている。**女性は経済的に自立していないと、男性より弱い立場になって、気づかないうちに不幸な人生におち入りがちなんだ。**

結婚して、家事や子育てで一日中忙殺されている女性は、多くが本格的な仕事につける環境にない。そのため、経済的に自立できないでいる。

一方、そんな妻を持つ夫は、少なからずも、自分だけが家族のために生活費や住宅ローン、子どもの養育費を稼がなければならない、外でどんなに大変なことがあっても、自分を犠牲にして働いていると思っている。つまり、**本来、夫婦は役割分担のはずなのに、お金を稼いでいる自分のほうが偉いと、勘違いしてしまっている**んだよね。

だから、たとえば職場で強い者＝上司に怒られたときには、その不満を家に持ち帰って、弱い者＝妻にあたる。妻に経済的に自立する力がないと思っているから、夫はそこにはけ口を求めてしまうんだ。だいたいこの世の中では、弱い者が弱い者いじめをする。

そんな気持ちも、妻が感謝を持って接すれば、和らぐこともあるだろうけれど、ほとんどが、出口の見えないものになってしまう。経済的に夫に頼っていると思うと、従わざるを得なくなるし、言葉だけでなく、腕力による暴力さえ受けているケースもある。

「夫は、結婚前は理解のあるいい人だったのに、結婚したら豹変した」

という話もたくさん聞く。

だから、こうした現状を打ち破るためにも、**女性は結婚しても、仕事を持ったまま、経済的自立や自己実現を諦めないようにしなければならない。**

今はもう女性が家にこもって家事や子育てをする時代じゃない。**一番大切なのは、あなた自身がそれを自覚して、自分に言い聞かせること。家事や子育ては、あなただけがやって当たり前だと自分で思っているからこそ、今の状況から抜け出せないのだと。**

そして独身の女性も、結婚相手には、自分の自己実現を認めてくれる人を選ばなければならない。もし付き合っている男性がそうでなかったら、あなた自身が彼を正しい方向に導いていく必要があるんだ。

人生をステージアップさせるには？

多くの人が「自分を変えたい」「ステージアップしたい」というところで悩んでいる。でも、なかなかそれができない。

だから、僕のところにも、

「今の私の日常を変えるためには、どうすればいいんでしょうか？」

という相談が多く寄せられる。それに対する究極の答えは、

「まずは、行く場所を変えること」

人は、**自分の内面から変えようとすると、すぐに行き詰まってしまうものなんだ**。誰かが「こうしなさい」と言ってくれたり、自分の中に何かヒントを見つけださない限り、いつまでも実行できないことになってしまう。
だから**最初は、身のまわりの選択を変えることからスタートする**。ここでは「何」を変

えるかよりも、まずは「変える」こと自体が重要で、**その最大の効果が生まれるのが「行く場所」=「環境の力」を借りる、ということ**。

これは僕も体験済みの強力な方法。最初はちょっと勇気がいるけれど、今の自分より少し背伸びして、たとえばハイクラスなホテルのラウンジに、毎日通ってみる。そうしていると、まわりの人の行動や振る舞い、雰囲気などを観察したり、ちょっとした会話を交わしたりして、そのセンスを体得していくうちに、いろんなものの捉え方が彼らと同じレベルになっていくから。つまり、思考や感覚が彼らのようになることで、価値観や信念も似てくる。

すると日常での仕事や買い物で物事を選んだり、誰かと会ったり、どこかに行ったりするときにも、意思決定の軸が基本的にはラウンジの彼らと似た感覚になっていく。結果、年収も近づいていく可能性が高くなるんだ。

あなたが今付き合っている人たちの平均年収は、自分の年収とだいたい同じではないかな。**まずは今いるところより、少しだけ背伸びをして行ける環境に身を置くことで、日常を変えていこう。**

どうせ私なんか……と気が引けます

実は人生って、挑戦した人しか報われないようにできている。逆にいえばそれだけで、なんとなく不幸せな生活も、最高に幸せな未来に変えることができるということ。

僕たちは、日頃やり慣れていることに安心感を抱く。人は、慣れていないことに対する恐怖、不安を感じる生きものだから。でも、

「それを乗り越えない限り、自分は変わらない」

と思って、慣れない世界に飛び込むと、人生を変えることができるんだ。

自分を変えようとするときに大事な鍵は、その「自分」を優先できるかどうか。

とくに日本人女性は、自分を一番最後にしたがる。でもそれは、最終的に迷惑な美徳なんだと自覚しよう。たとえばお母さんが子どもや夫にいっぱい世話して料理して食べさせたあと、自分の時間や残りがほとんどない状況に、「私はあなたたちのために我慢してい

る」と無意識のうちに不満や怒りを溜めていて、いつかそれが爆発する。そんなケースがたくさんある。果たしてその子どもや夫、ひいては母親自身は幸せだろうか。

だから、自分を満たした上でやらないと、人は幸せになれないんだ。

なのに**自分を最優先にすることが難しいのは、それを自己中心的と捉えて、罪悪感を抱いてしまうから**。日本の社会では、組織、集団、家族が大事だから、その中での調和を乱すことをしてはいけないし、わがままを言ってはいけない。子どもを教育するときも、「とにかく、他人に迷惑をかけることだけはしないで」ということを最優先にする。だから、一人ひとりの希望や欲求は消えがちで、特に女性は大人になっても控えめなまま。

でも、新しく家をつくろうとしても、土台がなければ建物は建てられないし、何度トライしても、すぐに崩れてしまう。それと同じで、自分への愛が人生のすべての土台だと思えば、罪悪感を持たずに自分を大事にできるよね。

新しい人生を築くには「土台＝自分を満たすこと」から。さらに、自分の存在は「みんなへのギフト」だと思うこと。ギフトの価値が低いと、それを差し出されたみんなも幸せじゃないよね。だから自分を最優先に満たしていこう。

無理や苦手は克服しなきゃダメ？

「私、それ苦手だから、絶対にできない」

そう言って、物事を途中で諦めてしまう人って、結構いるよね。でも、自分が将来なりたいもの、幸せな人生を見つけるためには、できるだけ、苦手なことを克服するようにしていったほうがいい。

誰にでも苦手なことはあるけれど、**なぜそれが苦手かというと、単純にそう思い込んで、そのことに時間を十分にかけてこなかったから**。そして、自分にはそれをやる才能がないから苦手なんだと思い込む。

でも、どんなことでも、時間をかけてやり続けていけば、自分にとって苦手なことではなくなる。

たとえばここに、古くなった電球を新しいものに交換できない男がいるとするよね。彼は子どものころから、何かのきっかけで、電球を替えるときに口金に触れると、感電するのではないかという恐怖感を抱くようになった。恐怖感、つまり「僕は電球を替えることが苦手だ」と思い込んで、大人になっても、少しずつ時間をかけてそれを試してみるという挑戦さえしてこなかったんだ。まぁ、僕のことなんですが（笑）。

「苦手なことがある」と言う人のほとんどは、自分がまだ挑戦していないことを、「できない」と決めつけてしまっているだけ。挑戦しなければ、当然、実績も上げられない。そこでまた、まるでスパイラルのように、それを「自分は才能がないからだ」という勝手な思い込みに結びつけてしまう。

だとしたら、才能なんて存在しないと思うぐらいのほうが、いいよね。

1回か2回やってみてできなくても、時間をかけてやり続けることで、ほとんどのことは克服できる。

そう信じて、「苦手」と決めつけずに、いろんなことに挑戦し続けていってほしい。そうしているうちに、自分の可能性はいろんな方向に広がっているということが、見えてくるのだから。

結果が出なかったら不安です

やってダメなら放っておけばいい。何かに「挑戦する」となると、誰もが急に身構えてしまって、ものすごく大掛かりなことになってしまう。それは、人は新しいことをスタートしようとすると、何かすごく大変なことのように思ってしまうからだ。

僕のまわりの成功者たちは、**「ちょっとやってみる」という精神を、普段からとても大事にしている。**物事をやり切るとか、そんな大層なことではなく、どんなことに対しても気負いなく、ちょっとやってみる。

だから僕も、１００点じゃなく80点のプロジェクトでもたくさんキープするようにしていて、自称「放置プレーの専門家」（笑）。何かをやり始めても、途中で放置することが多い。なぜかというと、日々、いろんなことを試しているから。**その中で自分に合わないことだと思ったら、すぐにやめる。でも、とりあえずはやってみる。**

つまり、新しいことに対して、そのぐらいの精神で挑戦できるかどうかなんだ。

日本人の中でも、いわゆる誠実でちゃんとした人たちは、何かをやり出したら、きちんと最後まで終わらせなければいけないと考えていることが多いよね。何事に対しても、途中でやめることは悪だと捉えている。

でも僕は、放置プレーの専門家として、途中でやめる能力も、実はとても大事なものだと思っている。やめること自体は、必ずしも悪ではないということだ。

だからあなたには、**ダメだったときのことは考えすぎずに、いろんなことにどんどん挑戦していってほしい**。自分には向かないと思ったり、それをやっていても幸せな気持ちにならなかったら、ちょっと横に置いておく。途中でやめたからといって、後ろめたさとか罪悪感なんて、持つ必要はない。

何よりも、またほかのことに挑戦できること自体に、喜びを感じられるぐらいになればいいんだ。そのときにはきっと、あなたの人生は変わり始めている。

この挑戦は私の未来に合っている？

みんな、よく言っているよね。自分が挑戦しないのは、一歩目は見えても、その先がわからないからだと。でも、二歩目は、一歩目を踏み出せば、必ず見えてくる。

ほとんどの人は僕が、

「とにかく一歩目を踏み出して、ここから見える角まで走ってみよう」

と背中を押しても、角の先が見えないから、そこまで行かない。もしかすると、その先は袋小路になっているかもしれないと思って、挑戦しないんだ。

でも、**この世の中の成功者や挑戦者は、角までとりあえず走ってみた人。**もし自分の人生がその先に展開されているならば、角まで走らなかったことで、大切なチャンスを逃すことになる。一瞬道がないように見えても、よく観察すれば、どこかに隙間や路地があって、その先に未来への道が続いているかもしれない。

万が一そこが袋小路になっていたとしても、それも経験。駆け足で元に戻ればいいだけ。

アメリカのシリコンバレーでは、「失敗を早くすれば、成功も早まる」という言葉があって、「失敗は挑戦の証」と捉えられている。挑戦をしなければ、成功も失敗も生まれない。失敗は、挑戦したことのご褒美。

人は「成功か、失敗か」と、すぐに結果に結びつけたがるけど、**実は挑戦をすれば、失敗という橋は必ず渡ることになる。**その橋を渡る回数が多ければ多いほど、確実に成功にたどり着けるようになる。それに、たどり着くまでにかかる時間も短くてすむ。そう思えば、たとえ失敗したとしても、大きなショックを受けなくなるし、人に知られても「カッコ悪い」なんて思わなくなるよね。

成功する人の多くは、「私は失敗するために挑戦するんだ」というマインドセット（思考様式）を持っているから、挑戦してもなんのハードルもないし、壁もない。彼らは「成功しても嬉しいし、失敗しても嬉しい」と考えているから、思いっきり挑戦できる。

「挑戦→失敗→成功」という構図を頭にしっかりとたたき込んで、やってみる。とにかく、やってみる人が、勝ちなんだ。

column

毎日満たされることをしていますか？

あなたは、1日1回でも、「自分が満たされる」ことをしていますか？

何も満たされることがないまま、「なんとなく」日々を過ごしてはいませんか？

僕の平日の1日は、だいたい朝6時頃からスタートする。起きて、6時半に家の近くにあるスタバに行き、そこで8時まで書き物。昨日の日記を書いて、執筆の仕事が入っているときは、それをやる。

朝早くて人もまだあまりいない時間に、スタバの店員の元気な声を耳にしながら、ペンを持つと、書くことが次々と頭にバーッと浮かんでくるんだ。

そして8時になったら車を出して、妻を乗せて彼女の勤務先まで送る。そのあとは、毎日決まった店でいつもの朝食を済ませ、次に行くのはマンションのスパ。

1時間くらい運動をしたり、瞑想をしたり、サウナやジャグジーに入ったりして、10時か11時ごろには近所のホテルのラウンジに移動。お茶を飲んでランチをとり、人と会って、読書などをし、だいたい午後3時か4時くらいまで過ごす。

その後はドライブに出かけたり、街をブラブラ歩いたり、カフェに入ったり。仕事があるときは深夜遅くまでやることもあるけれど、日中は本を読むことはあっても、基本的に「何かをする」という意識は捨てて、ゆっくり余裕をもって過ごすようにしている。

僕の1日という意味では、朝、妻を送った時点で「任務完了！」っていう感じ。なぜなら、彼女を会社まで送ると「いつもありがとう」って、毎回感謝してくれるから。

それを聞いただけで、僕の1日は、ものすごく満たされたものになる。

あと、1日2回、20分ずつ行う瞑想は、いま生活にはとても大切な習慣になっている。その20分があるおかげで、風の止まった凪のような穏やかな心が保てるし、人に対しても張り合う気持ちはなく、相手を〝眺める〟気持ちの余裕が持てるようになるんだ。

夜は、99％は会合を入れない。

妻の仕事が終わる頃に合わせて、会社に迎えに行くことも多いし、彼女がヨガなどをしているときは、書き物などをすませ、スパの閉店時・夜10時になったら、カウンター前で待ち合わせをする。

そして、2人でいろいろなことを話しながら、広尾あたりまで散歩を楽しむ。

それから家に帰って、本を読むなどして就寝——これが僕の1日だ。

第 2 章

わたしの幸せって、なんだろう

あの人の幸せがうらやましい

「あの人みたいに、幸せになりたい」

その言葉を聞くと、僕はいつも考え込んでしまう。幸せについて定義しようと思ったら、1冊の本にしなければならないほど書くことがたくさんあるけれど、僕がここで言えるのは、**幸せとは、自分の価値基準で感じなければなんの意味もない**ということ。

多くの人は、自分と誰かを比べて、その中で人より優越感を得られたら、それが幸せだと思っている。でもそれは、日本という社会や地域、親兄弟、学校、会社などで決められている価値基準にすぎないのだということに、もうそろそろ気づいたほうがいい。

たとえば人生には、受験や就職試験でいい点数が取れなくて、受からないということもある。それが原因で「自分はダメだ」「幸せじゃない」と思って、劣等感を抱いてしまうことも多いだろう。でもね、たまたま社会の基準に通らなくても、自分はダメだなんて思って、人生を絶望する必要はまったくない。

自分の可能性は、まだまだ十分に秘められていて、今はこの社会の中で発揮されていないだけ。そう信じられれば、そのこと自体があなたの価値になる。つまり、**自分に対する絶対的な信頼があれば、「ほかの人が羨ましい」なんて、思わなくてすむ。**

これまで親や社会、先生などに従って、自分の行動を決めてきたなら、これからは、そのことを自覚して自分の人生の指揮権を取り戻そう。

自分の人生を取り戻せば、そこから見える風景はまったく違うものになる。人生をもっと主体的に、「意志」を持って生きられる。そうなれば、すべての選択は自分の「決断」になる。そして、その決断に基づいて「行動」するんだ。あとは自分自身がその結果に対して「責任」を持つだけ。

つまり、自分の人生をつかむために必要なのは、

①意志を持つ　②決断する　③行動する　④責任を持つ

これを常に意識して歩んでいけば、きっと、あなただけの幸せをつかめるようになれる。

使命って必要ですか？

社会を変えようなんて、大それたことでなくていい。

・自分は何を大切にしながら生きたいのか
・自分が存在する前とあとでは何が変わるのか
・この世に何を残したいのか

そのことを考えて行動に移していけば、自分が何をしたいのかが見えてくる。
だから僕は、幸せをつかむ上で一番大切なことは、「この世界で、自分はどういう存在になりたいか」を考えることだと思っている。

たとえば僕にとって自分の使命は「愛」。出会うすべての人が、僕と会う前よりも、自分やまわりの人に愛を感じる人になってもらいたいと考えている。そのためには、できる限りのことをしていきたいし、それこそが、僕がこの世に生まれてから死ぬまでの使命や存在意義だと思っている。

最初はどんなに小さなことでもいい。あなたが会社員ならば、今まで上司に頼まれて、コピーをただ取るだけで提出していたものを、人が見やすいように、使いやすいように、綴じ方を変えるなどの工夫をして渡すようにする。これまでずっと放っておかれていた自分の家の前の道を掃除して、以前よりずっと清潔な場所にする。

それがまわりにポジティブな影響を与えるか、ネガティブな影響を与えるかは、やってみなければわからない。でもその中で、いろんなことを取捨選択しながらやっていくだけで、自分の価値観、世界観はまったく違うものになっていく。

そして、あなたが何かの選択に迷ったときに、その価値観が大きく役立つことになる。

それまでは、迷って思考停止して、他人の判断に頼らざるを得なかったことが、自分で判断できるようになる。つまり、自分の価値観に従った判断基準で、物事を選択できるようになる。それは、自分の幸せのゴールを選べるようになるということなんだ。

なんでこんな人生になっちゃったのかな？

多くの人は、どこに到達したいのかがわからないから、毎日が「なんとなく」の連続で、やっていることに不満を覚える。

だから僕らは、**未来へ進むためにはまず、「なりたい自分」「ありたい自分」をイメージする必要がある。**それができないと、いくら前に進んでいこうとしても、どこにもたどり着けないことになってしまうからだ。

たとえば料理をするときは、食材を買ったり、分量を計ったり、調味料を入れたりして、それなりの時間をかけて完成させるよね。でも初めから、「どんな料理をつくりたいのか」というイメージがなかったら、そもそもレシピを選ぶこともできないし、何もつくれないことになってしまう。

街を走っているタクシーに乗り込んでも、目的地を告げなければ、ドライバーだって、お客さんをどこに連れていけばいいのかがわからなくて、結局、どこにも行けないことになってしまう。ドライバーに「なんとなく車を流してください」なんて言っても、自分が望まない場所にたどり着いてしまうのが落ちだよね。

でも、**目的＝「なりたい自分」がイメージできれば、僕たちの行動はすべて変わる。**お金の使い方、時間の使い方、人との会い方、そして手に入れる情報など、自分のやること全部が、その目的に役立つかどうかで判断できるようになる。

たとえば僕が、古代ギリシャ時代の何かを書きたいという目的を持ったとする。そうすると、まずは図書館に行って、関連の本を探して読めば、その行動がすぐに役立つことになるよね。

そして、**3カ月後、半年後、1年後、3年後、5年後と時間を区切って、自分の進んでいく方向性がどうなのか、自分の目的につながる方向なのかを見ていく。**そうすると、自分がやっていることが、人生において本当に正しいことなのかが、はっきりわかってくるようになるんだ。

自分やゴールが見えないときは「前日日記」

言葉は、あなたの思考を完成させるもの。だから、自分で言葉にできないことは、それを理解できていないという証拠。**今の自分を知るためには、言葉を常に記録しておくことを心がけることが大切**だ。

その記録の中でも、僕が勧めるのは「前日日記」。つまり、翌日の朝に前日のことを書く。朝、いつもより30分早く起きて、毎日日記を書く時間に当てる。

これは僕もやっていることだけれど、**毎朝決めて、前日にあったこと――感謝したこと、学んだこと、改めたいことなど――を書いていくことで、自分と向き合う時間ができる。**自分の1日を記録することで、毎日が〝なんとなく〟過ぎていくのではなく、1日、1時間と、時を刻むように生きられるようになるんだ。

この日記に刻まれた1日1日は、あとから振り返ったときには必ず、自分の未来を支える一つの地図になり、羅針盤になっていく。

多くの人は日々のことは記憶に頼るだけで、言葉にしたりしないけれど、実は記憶ほど頼りにならないものはない。一番覚えていたいことは忘れて、忘れたいことを覚えているのが記憶。だから、

「自分の中には、もう記憶力は存在しない」

というくらいの気持ちで、日々のことを日記やメモに常に書き留めていってほしい。

言葉は単なる表現の手段ではなく、実は自分自身の思考をつくるもの。**そのときの思いや考えを言葉にして、それを書いて視覚化することで、自分の考えが整理され、新たな思考として再構築される。**だから、言葉を大事にしてほしい。

僕は「前日日記」を毎朝、臨場感あふれる言葉で書き記しているけれど、そうしていると、前日のことだけでなく、さまざまなアイデアがどんどん頭に浮かんでくる。それをきちんと書き留めるようにすることで、いろんな場面で役立っている。

なぜ朝に書くかというと、それを夜にやろうとしてもできないから。夜は頭が疲れているので、思考がどうしても停滞しがち。だから、朝のさわやかな気持ちで日記を前にすると、前日あったことの一番本質的なことだけを記録できるんだ。

あなたの人生を左右しているのは……

僕たちの日常の行動は、7割から8割が無意識によるもの。誰もがそうだと思うけれど、ほとんどの行動が、習慣によって瞬時に決められるので、あえて意識することをしない。たとえば健常者であれば、歩くのにも、いちいち右の足を出して、次は左足なんて、意識しないでやっているよね。

それと同じように僕たちの人生も、多くが無意識に左右されてしまう。**無意識はコントロールが利かないから、気づいたときには、自分が望んでいない目的地に到達してしまう**こともある。

だから僕たちは、そうならないために、意識の領域を広げなければならない。そうすることで、意識が優位に立ち、無意識をある程度制御できるようになる。

そのために僕たちに必要なのは、自分の思考を言語化するように意識すること。言語化能力の高い人は、意識の世界である理性も高い。つまり彼らは、日常をコントロールできる確率が高いんだ。

でも、言語化能力が低い人は、無意識に揺さぶられてしまうところがある。だから、それを意識で制御できるように、前項でも述べた**「前日日記」を始めたり、メモを常に持ち歩いたりして、自分の考えを意識的に書くようにしていくといい**。そうすることで、日常をコントロールできる感覚も、明らかに増えていく。

また、**意識的にポジティブないい言葉を吸収して、ネガティブな悪い言葉を跳ね返すことも心がけていくといい**。人はネガティブな言葉を受けると、必ずネガティブになっていく。言葉のパワーはとても強いから、人の意識や無意識に影響を与えてしまうんだ。

普段受ける言葉や、目にする言葉、自分が書く言葉、語る言葉は、あなたの人生をつくる根幹になっている。だから、ポジティブで本質的な言葉に囲まれるために、自分がどんな環境にいればいいのかということも、大事だよね。

言葉を信頼して、いい言葉を手に入れることができたら、あなたの人生は救われる。そう思って、言葉を意識しよう。

どうすれば好きなことが見つかる？

僕は多くの女性から、「好きなこと」の見つけ方を聞かれるけれど、そういうときは、

「遠い先にある好きなことを見つけようとするから、見つからないんだ」

と答えることにしている。

それは、現実の壁にぶつかっている人にとっては、遠い未来のことよりも、

「今日、何がしたいのか」

「今、何がしたいのか」

を考えることが必要だからだ。まずはそれをノートに書き出してみて、どんどん実行していきながら、自分の「好き」を探していく。

未来のわからないことばかり考えているのでは、今の生活がないがしろにされるばかり。

まずは今日、何がしたいのかを考えて、それをできるだけ実行できるようにする。それがベストだ。

自分には何が向いているのかがわからない、という人も多いけれど、向いていることも、「やってみなければわからない」と思ったほうがいい。

なかなか思いつかない「好きなこと」や「向いていること」を考えるよりも、毎日違うことをやってみて、新しい体験をする。たとえば、いつもと違うカフェに行ってみる、毎日、最寄りの駅から自分の家まで違う道を歩いてみるなど、小さなことでもいいから、とにかく新しい選択をしてみる。そうすることで、思わぬことから好きなことが見つかる可能性だって十分にある。

僕のまわりにいる人たちも、だいたいが当初目指していた目的地じゃないところにたどり着いている。しかもそこは、最初に目指したところより、はるかに素敵なところだったりする。それは、彼女たちが自分の目的地に向けてがんばったから、途中でいろんな道が見えてきたということなんだ。

今見えている目的地に向けてスタートを切ってみると、最終的には想像もしなかったような未来に到達できるようになる。今、この瞬間から、新しい体験をしていこう。

ちょっと贅沢な鏡を手に入れよう

あなたの仲間は、夢や目的に向かって、いつも挑戦している人たちですか？
それとも、いつも愚痴や言い訳をして、何もしない人たちですか？

よく会う人たちは、あなたの鏡。もし、まわりの人が夢や目的などに向かって行動している人ならば、それはいい環境と思っていい。

自分がいる環境は、コンフォートゾーンだから、あなただけが夢を持っていなくて、仲間たちが夢に向かって走っている人だとすると、居心地が悪くて、そこにはいられないはず。つまり環境は、ルイトモによってつくられているということだよね。

でも、**何もしないで、愚痴や言い訳ばかりを言っている人たちばかりだとしたら、それは危険信号。警笛を鳴らして、そこからすぐに離れなければならない。**

とはいえ、そんな仲間たちが集まってしまうのも、誰が悪いわけでもない、お互い様なんだよね。つまり、仲間もあなたも、将来に向けて何もしていないという点では、同じ穴のムジナ。そんなことよりも、お互いを自分の鏡として見て、現実に向き合えているかどうかを判断することのほうが大事。

そして、その仲間たちから離れたら、新しい鏡＝環境を手に入れる。しかも最初は、「この鏡、私には贅沢すぎるかも……」と感じるぐらいがいい。**ちょっと無理してでもいいから、自分のゴールに向かって美しい生き方をしている人たちのところに行き続ける。**

最初はとにかくその環境に身を置けばいい。**自力でがんばって、環境に見合う人になってから行こうとするのではなく、今すぐにそこに飛び込んで、環境の力を借りる。**それは、最初に自力でやろうとすると、結局環境に見合う人にはなりきれなくて、そのままになってしまう可能性が高いから。

日常の中で、自分の環境を変えるところからスタートすれば、あなたの中で、きっと大きな変化が訪れるはずだ。

第3章

感情で自滅してませんか?

劣等感から抜け出せません

人と人との付き合いの中では、誰かと自分を比べて、劣等感を持つことがあるよね。人は、何かしらの基準をもって優れた人を見たとき、そうなりたいと思ってもなれていない自分と比較して、劣等感を持つ。

劣等感なんて、誰もが持って当たり前のことだけれど、肝心なのはそのあとの反応。それによって、その人の人生が決まってくるといってもいい。自分も優れた人に見ならって、がんばってそうなるように努力したい。そのことに気づかせてくれてありがとうと、相手に感謝できるかどうかなんだよね。

優れた人を理想のモデルにして、それに向かってがんばっていける人は、とてもいい反応ができる人。若いころはとくに、劣等感をバネにしてがんばる人はいくらでもいる。**劣等感を持ったら、自分の「学びのチャンス」だと思って、「成長への意欲」に変えていけばいい。**

一方、**劣等感を持ったあとによくない反応をする人は、嫉妬し始める**。嫉妬というのは、優れた人の結果を〝素直に認めない〟ことによって生じる感情だ。つまり、人の「結果」だけを見て、そこにたどり着くまでの「過程」を見ようとしない。

加えて、あの人はこの人に気に入られたからこうなった、たまたま運がよかったからあそこまで行けたと、自分勝手な評価をして陰口をたたく。そうすることで、自分の心の穏やかさを取り戻せるから。つまり、相手のようになれていない自分を「正当化」できるんだ。あなたにも、思い当たるところはないだろうか。

劣等感に囲まれて生きている人は、嫉妬深くて悪口をたくさん言う。その悪口も、自分より下だと思っている人には興味がないから言わない。自分より上と判断した人に対してだけ言う。そういう人は、どこかで自分を振り返ってみる必要があるよね。

嫉妬は、人を成長させないだけでなく、不幸の原因もつくる。でも、誰かの結果を、努力の過程を経てきたからこそ、得られたものだと認められる気持ちを持てば、自分が努力していないことに気づいて、「学びのチャンス」を得ることができる。

どっちがいいかは、もう明白だよね。

子どもを比較してしまったら

人との比較では、自分だけでなく、大切な人、たとえば子どもや夫などを他人と比べてしまうこともあるよね。**とくに子育て中の女性は、わが子を育てるのに不安があるから、どうしても同じ子育て中のお母さんやその子どもと比べてしまう。**

だいたいのお母さんは、人生経験の浅い年齢で子どもを産むことが多いから、何を基準に子育てをしたらいいのかがわからなくて、どうしてもほかの子どもを見て、わが子と比べてしまうんだ。たとえば、

「○○ちゃんはできたのに、なんであなたはできないの！」

という言葉、どこかで聞き覚えがあるよね。親としては何げなく言ったつもりでも、子どもからすれば、心に深く突き刺さってしまう。それが元で、子どもが、

「私はできない。だからお母さんは、私のことが嫌いなんだ」

と思ってしまうことだってある。

しかも、母親の比較の言葉を聞かされ続けたまま、子どもが成長すると、「私がこんなに自信がないのは、お母さんのせいだ」と思ってしまう。それは、幼いころからずっと比較の言葉に苦しめられ続けてきたから。大きくなって、ある程度自分を見られるようになると、それが親への憎しみに変わることだってある。子ども自身の価値基準が、他人との比較でできてしまうこともある。

だから**お母さんは、まずは自分が、他人とのゆがんだ比較や嫉妬を持たないように努力しなければならない。そして、自分の子どもや大切な人に対しても、そういう言葉をかけないようにする。**

親である自分が比較や嫉妬をしなくなると、子どもも人に対して絶対にそうしなくなる。「誰かと比較する必要なんてない。あなたの心の声に従って、自由に生きてくれれば、お母さんはそれだけで嬉しい」

そんな言葉を幼いころからずーっと聞かされ続けていれば、子どもは親の愛を感じて、大きくなっても、自信を持って生きられるようになるよね。

ネガティブ感情の処方箋

人から何かイヤなことをされたり、自分がまずい状況に陥ったりすると、僕たちはネガティブな感情になることがある。そんなときは、誰でも人のせいにしたり、愚痴を言ったりしてしまうけれど、それは人間としてはごく当たり前のことなんだよね。

ネガティブな感情は、自分を守るための本能から生まれるもの。まずはそれを認めることが大事だ。

誰かのせいにすることで、自分の気持ちがちょっと楽になることって、あるよね。愚痴を言うことで、自分の中にある感情も、ある程度は解消される。

つまり、**ネガティブな感情が生まれるのは当然のこと**だと思えれば、

「こんな感情を持つなんて、私、大丈夫?」

と、焦る気持ちもなくなる。

ただしネガティブな感情は、そのまま持ち続けてしまうと、心の平和を乱し、ひいてはまわりの人間関係を傷つける原因にもなる。

だから、**自分の中で何か問題が起きたときは、それを解消するための第一歩として、「深呼吸」をしてみる。**

ネガティブな感情を持ったまま、すぐに次の行動に移すのではなく、ちょっと間を置いて、心の動きを「はぁー」とスローダウンさせる。そして、自分の居場所を問題から一歩ずらすように心がける。

また、たとえば僕が書いたこの本を手に取るとか、心が落ち着く音楽を聴くとか、心が乱れたときに自分が必ず戻れる場所をつくっておけば、気分が楽になる。

「心が乱れたときは、こうする」という〝儀式〟を、自分の中で決めておくんだ。

そうすれば、冷静になって自分の感情を眺めることができるようになる。

試してみるだけの価値はあるから、一度やってみて。

ネガティブ癖の治療法

自分のネガティブな感情がわかるようになったら、それまでの自分の中のネガティブスパイラルを、ポジティブスパイラルに変えていけばいい。でもまずはその前に、自分の癖を治療しておくことが先決だ。

ネガティブな思考や感情は、放っておかれたまま習慣化されていることが多いので、

「私は、こう感じる癖がある。こう考える癖がある」

ということを、まずは自分で認識する必要がある。

次に、その癖を自分の目の前に付き出して、刑事みたいに尋問するんだ。たとえば、誰かを見て、「あんな人、たいしたことない」というような嫉妬の感情が湧き出てきたら、

「あなた、さっき、あんな人って思ったでしょ？　これからもそんな感情を背負っていくつもり？　そんな自分、好きじゃないよね。一緒に直していこうね」

と、自分に問いかけ続ける。

この方法は、実は僕が30歳で最初に大学の教員になったときに、自分のイヤな癖を直したくて、実践してみたことがある。当時は大学で教授会に出席すると、まわりは年上の先生ばかり。いつもの僕は、自立して誰にも媚びない人だったんだけれど、権威ある教授を目の前にすると、どうしても彼らの言葉に「そうですね」と相づちを打ってしまう。それがイヤでイヤで、あるとき決意して、

「お前、それを言ったね。次からは直そうね」

と自分に問いかけた。すると、功を奏して、次の会議からは相づちの回数も少しずつ減っていったんだ。

習慣になっている行動や感情、考え方は、自分が決意して行動しても、一気には直らないもの。前にも述べたけど、習慣は無意識でやっているから、意識ではなかなかコントロールできないんだよね。だから、根気よく直していく必要がある。

イヤな感情が出てきたら、そのたびに「直したいよね。直そうね」と、自分に声をかけてあげる。そうすると、やり始めてから3カ月もあれば、イヤな感情も徐々になくなっていくようになる。

感情が大暴走したら？

自分の中から生まれた感情は、すべて〝愛すべき子ども〟。

子どもは、親の思いどおりには決してならないけれど、生まれたときは、純粋ないい子。そこに親が愛情や関心を示していけば、基本的にはずっといい子のままで、非行に走ったりすることもない。**たとえ非行少年少女になったとしても、親がその理由を知って、愛を持って接していけば、必ずまたいい子に変わっていく。**

街でよく泣き叫んでいる子も同じ。理由なしに泣いている子なんて、誰もいない。でも、大人がその理由を理解しようとしなければ、「なんで、泣くの！」と叱るしかなくなる。そういう人、街で結構見かけるよね。

つまり、泣き叫ぶ理由がわからなければ、その声がうるさく感じるし、まわりの人の反応も気になる。そうなると、ネガティブな感情だけが前に出てきて、「もう、あっちに行っていなさい！」ということになる。

でも、**子どもにいつも関心を持って接している親は、子どもが泣き叫ぶ理由を考える。**

「あ、そうか。さっきデパートで、おもちゃを買ってあげなかったからなのね」

「今日、学校で、友だちから何か言われたのね」

ということが、わかるんだ。そこで向き合ってあげるから、子どもも納得できて、「うん、うん」と言いながら、泣きやんでいく。


感情も、子どもと同じ。接し方次第で、いいほうに向かうのか、悪いほうに向かうのか、一目瞭然だ。**ネガティブな感情には、それが生み出された理由が必ずある。それをたどっていけば、その治療法は見つかる。**

愚痴や言い訳ばかりを言っている人は、原因を見ようとしない。結果だけを見て判断するから、暴走してしまう。自分の感情に関心がないから、その感情が生まれた原因・理由を知ろうとしない。

そのことがわかれば、ネガティブな感情も、扱いやすくなるよね。

ストレスでの暴飲暴食、浪費には

「ああ、なんだか疲れたなあ」

毎日を忙しく過ごしていると、そう感じることも多いよね。それはストレスが溜まった証拠。そんなときは、まずは体を動かすのが一番だ。

仕事にストレスを感じて、それを発散させるために、買い物をたくさんしたり、週に3回も4回も暴飲暴食をしたりしなければやっていけない、という人も多いよね。何かほかのことで自分を犠牲にしていると思うから、週1回のエステも自分への〝ご褒美〟だと思ってやっている。

それもある意味では、その人なりのストレス解消法だとは思うけれど、**心の不満は、自分自身の問題。外部的な代価では相殺できない**から、肝心のストレスが解消されないまま、意味のない買い物や暴飲暴食にずっと取りつかれたままになってしまう。

人間は、「理性」と「感情」と「体」の3つの力で成り立っている。**ストレスは理性が感情に乗っ取られたかたちで起きるので、まずは心を落ち着かせることが大切だ。そのためには、体の力を借りる。**そうすることで、3つの力の役割分担ができる。

ストレスの場合、体の血行が悪くなっているケースが多いので、

深呼吸→瞑想→ストレッチ

を3分ずつするだけで、おさまることもある。

とにかく、体を動かして、汗をかくこと。ジムに通うのもいいけれど、外に出るときはなるべく歩くようにしたり、エスカレーターやエレベーターを使わずに階段を上ったり、場合によっては、シャワーを浴びたりするだけでもストレスがおさまって、すっきりすることもある。

人によって自分に合った方法があるので、いろいろ試しながら「体を介在させたストレス解消法」を見つけていこう。

自虐と謙虚は、実はだれも喜ばない

僕は日頃から、**不幸な人には自分をないがしろにする人が多い**と思っている。

あなたのまわりにも、口癖が自虐的だったり、必要以上に謙虚だったりする人がいないだろうか。でも人は、必要以上に謙虚だと、自分より相手の幸せを優先してしまうことが多い。結果として、誰かが幸せになると自分が苦しむという構図ができあがってしまう。

だから僕たちはまず、すべては自分自身がスタートだと思うようにする。**自分が幸せになって、それを相手も幸せにする原資＝ガソリンにするんだ。**そのガソリンも、自分を犠牲にして相手に全部分けてあげたのでは、自分自身が走れなくなってしまう。

だから、ガソリンを給油したときに、あふれ出そうになった分を相手にあげれば、自分も満タンで余裕を持って走れるようになるよね。つまり、自分も幸せになった上で、相手も幸せにできる。

この考え方の基本は、**自分の喜びを増やすために、今日一日をどうデザインできるか。そういう視点を持つことが大切なんだ。**

それでも自分をないがしろにする人は、

「私は何も成し遂げていないのに、今日はこんな贅沢をしてしまった」

と考えてしまう。つまり、今日の自分を大切にすることが、さらに罪悪感を生み出してしまう。でも、自分の人生に対して不満を持っている人の共通点は、今日の自分をないがしろにしていることなんだよね。

旅もそうだけど、人生の中で常に同伴しなければならないのは自分自身。それなのに、自分をないがしろにしてしまったら、同伴者の自分を苦しめることになる。

それに、僕らはこの世界に与えられたギフト。そのギフトの価値を自分自身がないがしろにしたら、誰がプレゼントされて喜ぶと思う？

幸せの根源は、自らが自らを幸せにできるかどうか。**あなたが幸せになりたいのなら、心から喜べることをノートに書いて、今日の自分をデザインしてみよう。**

落ち込んだらボーナスが増える！

誰の人生にも、突然何かに襲われて、「えーっ！　なんで？」と落ち込むことがある。

そんなときは、自分だけが狭くて暗い場所にずっと閉じ込められているような気持ちになって、どうしようもなく苦しくなるよね。

どこにも出口が見つからなくて、奥に行けば行くほど暗くなっていくから、そこにじっと、うずくまってしまうんだ。

そこはまるで出口のない洞窟のよう。だから、息が詰まって、苦しくなる。

でも、

「私の今いる場所は、トンネルなんだ」

と考えれば、

「先には必ず出口があって、光の射す場所がある」

と思える。そうすれば、どんな困難にも希望を見いだして、歩き続けることができる。

人生は誰もがゼロからスタートしている。**生まれたときをゼロと考えれば、そのあと起きることは、すべてプラスαのボーナスだ。**

時にはどうしようもない困難にぶつかって、暗くて長いトンネルに入り込むこともある。でも、そこがどんなに長いトンネルだとしても、その先には必ず光があって、光を見せてくれる人が必ず現れると信じれば、自分のまわりで起こることは、どんなことでもボーナスだと思えるよね。

しかもそのトンネルを抜けきった経験は、その後の人生の、強い武器になる。**今は苦しくても、あなたの人生のボーナスは、どんどん大きくなっていくんだ。**

人生において、プラスαで経験することはすべて、幸せの種になる。

僕ら人間は、生物である以上、いつか必ず、このもらった命を失うときが来る。**この限られた時間の中で、あなたの人生をどう全うできるか。**それを意識できれば、今こうやって生きていることだけでも、幸せに思えるよね。

column

あなたのビジョンは白黒？４Ｋ？

自分の幸せをつくり出すのは、あなた自身。そう思えれば、あなたが今、どんな状況にいても、幸せを見つけることができる。

世の中には、物事を白黒で判断する人がたくさんいる。これはいいこと、そうでなければ悪いことと、短絡的に２つに分けて考えてしまうことが多い。

でもこの世の中は、実はグラデーション。白と黒の濃淡でできあがっていて、さらにその上にプラスαの色が入っている。テレビでいえば４Ｋ画像の状態。白黒テレビとは、全然違うよね。だから、**物事を短絡的に断定して見ることは、絶対にやめたほうがいい。**

物事を白黒で判断する人は、すぐに断定をしてしまう。この世の中はグラデーションだと認めたくないから、白か黒かを明確にできないと、すぐにイライラしてしまう。

それはなぜかというと、自分は色眼鏡をかけていることに気づいていないから。人は誰もが、その人なりの色眼鏡をかけているものだけれど、それがわかっていないから、まわりの人たちの意見を認めず、自分の言っていることだけが正しいと思ってしまう。

だから**自分がどんな色の色眼鏡をかけているのか、それを外して、相手がどういう色眼鏡をかけているのかを知る必要がある**。人は生まれ育った家庭環境や教育などを通して、独自の価値観を持っている。同じ物事でも人によって見え方が違うし、感じ方も、考え方も違う。この世の中は、白黒で見て断定できるものではないんだ。

これはあなたの人生についても同じ。**白黒で物事を短絡的に切り捨てて見ていたら、幸せも何も見つけられない。**そんな世の中、つまらないよね。

だけど4K画像の解像度にしてみると、今まで白黒でなんとなく見えていた風景が、「わーっ、すごい！　鮮明！」と感動できるくらいきれいに見えるようになる。

ということは、幸せは、実は自分の目の解像度、つまり、あなたが世の中をどれくらいの感度で見ているかによって見いだすことができる、ということがわかるよね。

この世の中にはあらゆる価値観が広がっている。

自分の見る目の解像度を高くすれば、そこから幸せを探し出せるんだ。

第4章

お金がもっとあったなら

私ってなんでお金に縁がないの？

人が生きていくためには、どうしてもお金は必要だ。でも学校では、お金については教えてくれない。多くの人の悩みの一つがお金のことなのに、人生で本当に大事なことは、学校では教えてくれない。

そのためか、**日本ではお金に関してネガティブな教育をされてきたところがある**。親の金銭感覚を、そのまま子どもが受け継いでいることが多い。たとえば親が「お金持ちは拝金主義」と言って教育をすると、子どもも、お金は汚いもの、人をだまして取るもの、お金持ちは搾取の元というイメージを持つようになる。

それにお金を稼いでいない親が「がんばったら、お金を稼げるようになるんだよ」と子どもに言ったら、親としてのメンツが立たない。だから「そういう世界の人なんだよ」「世界が違うんだ」ということになって、子どももなかなかそこから抜け出せない。

だいたい、**ほとんどの人が、自分はお金と縁がないと思っていて、お金持ちと自分は違**

う人種だと思い込みすぎている。会社員だと、給料は毎月銀行口座に振り込まれるし、家などの大きな買い物をしても、その支払いはローンなどの銀行決済で行われるから、結果的に**お金に対する感覚が希薄なんだ。**

そういう理由からか、普通の会社員の子どもが、大金持ちになるケースはほとんどない。それに、たとえばSNS起業界でも、4年生大学を卒業して会社員だった女性が起業して成功するケースは、ほぼない。

だけど、過去にいろんな仕事をしてきた女性が、起業して成功する率は高い。それは、**彼女たちはちょっとがんばれば、自分でお金をつくれることがわかっているから。バイトをしたり、ものを売ったり、アフィリエイトをしたりして、いろんな実績を積む。そうやって経験を重ねながら、お金を稼ぐ感覚を身につけている。**

日本の会社には能力給はあまりないから、たとえば携帯の販売をやっていた女性は、起業してもうまくいく。でも、真面目に勉強をして、4大を出て就職した女性は、ほとんどがお金のつくり方がわからないから、起業してもうまくいかないんだ。

お金と仲よくなるには？

お金と仲よくしたいのなら、**自分の頭の中にある、お金に対するメンタルブロックをなくすこと**。お金は、こちらから仲よくしようとしないと、向こうからは決して仲よくしてはくれない。人間関係と、まったく同じなんだよね。

お金の価値を認めて、理解して、信頼して、お金そのものを愛すれば、お金も同じようにあなたのことを理解し、愛してくれる。まずは、お金に対する価値観をそっくり変えていこう。

というのも、お金は、僕たちが物やサービスに価値を感じたら、その等価交換として相手に渡すものだからだ。つまり、**お金は、「僕たちがほしい価値」が換算されたもの**。

そういうふうに考えられるようになれば、何かを買うときには、お金が単に自分の懐から出ていくのではなく、「代わりに価値をもらっている」と思えるようになるし、相手に対しても「ありがとうございます」と言えるようになる。

私に、こんな喜びと価値をくれて、ありがとう。私はこれと同じようなサービスや商品はないけれども、この喜びの代わりに、同等の価値のお金を差し上げます。

今の世の中は、お金でお金を儲けている人も多いけれど、物の売買は、本当はこんなふうに成り立っている。**愛と価値とエネルギーの交換だ。**

この考えを徹底的に頭に入れておけば、お金をきちんとした価値として見ることができるようになる。そうすれば、お店で品物を買おうと思ったときも、プライスタグを先に見て、「高い」「安い」で商品を決めるのではなく、自分の目でその商品の価値を吟味してから値段を見て、その金額を払うのに値するかどうかを判断し、買い物を決められる。

それができれば、あなたが本当にほしいものが手に入るし、お店の人にも感謝しながら、お金を使うことができるよね。それが、お金と仲よくなれる究極の方法なんだ。

一流の人の、稼ぎ方より重要なこと

みんな、お金の稼ぎ方を知りたがるよね。でもそのためには、自分の消費スタイルを変えて、お金が回る仕組みを考えなきゃならない。**自分が「使うところ」と「節約するところ」のメリハリをしっかりとつける必要があるんだ。**

たとえば僕は、夕飯の食材としてニンジンを買うのに、１００円のものを95円で買って節約するのはもちろんいいことだと思っている。でも、新幹線で移動するのに、自由席は1万円、グリーン車が2万円だとしたら、グリーン車のほうに乗る。

これは、**お金を払って得られる価値をどう捉えるか**、ということ。つまり、新幹線を単なる移動手段としてではなく、自分が何かを生み出せる場所と考えれば、グリーン車に乗ることは必然だ。だからそう思える人は、お金を「ただなんとなく」は使わない。価値があると思えば１００万円でもポンと出すし、ないと思えば1円も出さない。お金を使うか使わないかに関しては、お金持ちは貧乏な人よりも、はるかに厳しい判断をする。

一方、お金に不安がある人は、いろんな消費をすることで不安をなくそうとする。結果、クローゼットは着ない服でギュウギュウ詰め。ファストファッションのお店に行ったらとりあえずは安い服を買って、お金を使うことで自己満足するような消費スタイルだ。

基本的に女性は、「消費マインド」でお金を使う。お金は自分から出ていくものだから、出ていく量を減らすことが自分の利益になると思っている。男性も二流の人はお金を消費マインドで使うけれど、**一流の男性は「投資マインド」で使う。**お金を稼ぐ人は、あらゆることについて、お金を使うことで自分にどういう価値が戻ってくるのかを考える。

あなたも一流になりたいのなら、前項でも述べたけれど、まずはお店で、プライスタグを先に見るような価値基準を捨ててみる。そしてそれが洋服だったら、「これは私にどのくらいの喜びを与えてくれて、まわりの評判もどのくらいよくなるのか」ということを考えて、それと見合った値段なのかを見るようにする。

あなたにとってどれだけ価値があるかを考えて、お金を使う消費スタイルに変える。そうなれば、お金の回り方もかなり違ってくるはずなんだ。

コスパを上げるための投資してる？

人は、自分の枠の中に留まっていると、それ以外のことは勝手に想像して決めてしまいがち。でも、自分を成長させて、お金を稼ぎたいならば、新しいことへの挑戦は必要不可欠だ。

新しい価値に対して、お金を使えるかどうか。

目に見えない可能性に対して、お金を使えるかどうか。

今まで経験してこなかった価値にも、お金を投資できるかが、成長のカギだ。

僕は普段、あまりお金を使わないほうだけれど、自分の時間と、その中での居心地のよさに対しては、ものすごくこだわって投資している。

毎日ホテルのラウンジに通っているのもその一つ。そこのコーヒーやランチが美味しいから通っているのではなく、気持ちのいいサービスや落ち着いたインテリア、そこに来ている人たちが発するエネルギー、時間を気にしなくていい雰囲気とかが、**自分の時間を使うのにすごくフィットしていて、お金を使うのにも納得できる。**

タクシーをよく利用するのも、同じ理由。タクシーに乗ると疲れないし、行きたい場所のすぐ目の前まで行けるし、何かを見ながら作業もできる。それに、自分の書いた原稿をもう1回きちんと読むことができるし……となったら、これは**電車に乗って移動するよりもコストパフォーマンスが高いということで、いつも乗っている。**グリーン車を利用するのも、基本的には同じこと。

でも、昔からの節約マインドを持っている人は、学生時代には青春切符を利用して、新幹線も自由席に乗り、グリーン車には絶対に乗らない。つまり、1回でもグリーン車に乗ったことがある人は、その価値がわかるから利用するけれど、その1回を経験していない人は、乗ることの価値がずっとわからないままだ。

何事に関してもそうだけど、そういう人たちは、1回、経験してみるといい。**経験してみることで、投資価値があるのかどうかを初めて判断できるようになる。**

どうしたら年収アップしますか？

消費マインドの価値観が変われば、お金を得るための仕事に対するマインドも変化する。**自分がどんな価値を社会や組織に提供できるのかという見方で、仕事を捉えることができるようになる。**

仕事での相手が「何を求めているのか」という意味や目的を知り、自分がやることの価値、相手にどのくらいの喜びを与えていけるのかを考えながら仕事を進められる。そうしているうちに、社会や会社などの組織の中での自分の存在価値も上がっていって、それが結果的に、年収アップにもつながる。そう考えれば、がんばっていけるよね。

ただし、**仕事においては、自分自身をバージョンアップしていく必要もある。**

たとえば、パソコンのＯＳがウィンドウズ7のままだと、新しいアプリをインストールしても、動きが遅くて全然使いこなせないよね。アプリが超最新でも、ＯＳ自体が古いから、いくらがんばっても十分に機能しないんだ。だから、ＯＳは、やっぱり最新のものにバージョンアップしなければならない。

あなた自身についても、同じ。仕事をするためのキャパを大きくしなければ、いくら自分の存在価値を上げようと思っても、成果をなかなか上げることができない。

仕事では、今の自分の最善を尽くすという、効率面で考えなければいけないところがあるけれど、そもそも自分のキャパが小さければ、いくらがんばっても空回りするばかり。だから、自分の機能を上げて、容量を大きくすれば、効率をそれほど気にしなくても全部できてしまうようになる。たとえば、締め切りに対するマインドセットを根底から変えてみると良い。今日の会議の議事録を１週間後までまとめるように、と上司から指示されたら、１週間後ではなく、ラフでも今日中にまとめて上司に送ってみることだ。これは一見、効率の話のように聞こえるが、実はそもそもの時間へのマインドセットを変えることなので、何回か繰り返す中で、自分の容量を上げることにつながるんだ。

自分をバージョンアップしながら、**社会や組織に対する存在価値を上げれば、年収アップにつながる。**常に心がけたいことだよね。

つい「もったいない」って思ってしまいます

「もったいない」って、日本人はよく口にするよね。ものを大事にするという意味では、とても大切なこと。でも、それが**お金のこととなると、行動を制限してしまう**場合がある。

たとえば映画館に行って「さあ始まった」と思って観始めると、最初の数十分で、どうしようもないほど退屈な映画だということがわかった。実はその日はやろうと思っていたことがあって、それを押して観に来たというのに……。

そんなとき、あなただったらどうする？

①「映画代がもったいないから」と自分に言い聞かせ、そのまま映画を観る

②「やるつもりだったことをやろう」と席を立ち、映画館をすぐに出る

この質問をすると、ほとんどの女性が①と答える。①の行動は、経済用語では**「サンクスコスト思考」といって、すでに支払った映画代1800円がもったいないから、**自分にとっては価値がまったくなくても、「映画代の元を取らなければ」と思って映画を観続ける

ことになる。このことは、映画だけでなく、日常のあらゆることに当てはまる。

それに対して②の行動は、**「機会コスト思考」といって、今映画を観るのをやめることで別の価値あることができるようになる**。つまり「おもしろくない」と思った瞬間に決断して映画館を出れば、その時間を使って、自分にとってもっと大切なことができる。

サンクスコスト思考の人は、今勤めている会社は好きではないけれど、これまでずっと勤めてきたし、「ここを辞めてほかの会社に行っても、私は通用しないんじゃないか。それに、今までの時間がもったいない」と思って会社をずっと辞めない。

一方、機会コスト思考の人は、今の会社での仕事に働きがいを感じても、それよりも自分が成長できると思う会社が見つかったら、「私の進む道は、別のところにあるんです」と言って退職する。**普段から自分の将来を探っているから、それまでとは違う道に切り替えてがんばれるん**だよね。

こうしたお金や時間の価値を追求する機会コスト思考の考え方は、普段の生活にも活かせる。たとえばタクシーに乗車しようとしたり、レストランに入ったりしたときに、「ちょっと違うな」と直感が働いたら、そこは機会コスト思考の出番。自分の価値を優先して、「すみません」と言って乗車や食事を断わり、お店を出る勇気が出せるんだ。

1億円あったらどうする？

あなたの年収がもし1億円だとしたら、どう思う？　本当は幸せなはずだよね。

でも、いくら1億円を稼いでいても、隣の住人が年収10億円だとしたら、その人と自分を比較してしまって、幸せを感じないこともある。反対にどこかの貧村に行って、年収が500万円でも、まわりの人に比べて自分が一番幸せだと思えたりする。

衣食住が満たされていない貧しい人たちにとってのお金は、「物や食べ物、家が確保できて、幸せになれる」要素で、幸せに直接結びつくけれど、ある程度裕福な人たちにとっては、お金は相続争いなどの不幸の原因にもなる――。

つまり**「幸せ」とは、僕らが属している社会によっては、まったく違う捉え方をされるもので、お金や富に保証されるものではない**ということだ。だから、富を求めて走りすぎると、無限のループにはまって、幸せを見つけられないままそこから抜け出すことができなくなってしまう。

未来に向かって走っている人たちを見ていると、未来の幸せのために現状を犠牲にしている人が大勢いる。その逆に、現在の幸せのために自分の成長を諦めてしまっている人も結構いる。でも、どちらがいいとは一概には言えない。価値観の問題だからね。

だから僕は彼女たちに、

「未完のあなたは美しい」

「未完から完成に向かうあなたはもっと美しい」

という言葉をかけるようにしている。

これまでがんばってきた現状の自分を認めて、ありのままのあなたを受け入れればいい。そして、これからの人生で、何を一番大切にして生きていきたいのかを考える。たとえば家族との時間や社会貢献と、いくつか出てきたら、それに優先順位をつけて、これからの自分の限られたエネルギーと時間を配分していくんだ。

幸せを感じているかどうかを決めるのは、あなた自身。

なぜなら、あなたのずっと近くで自分を見守ってきたのは、ほかの誰でもない、あなた自身なのだから。あなた独自の幸福の判断基準をつくって、自分ならではの幸せを感じられるようになってもらいたい。

第5章

好き×超一流の仕事術

好きな仕事じゃないと幸せになれない？

将来やりたい仕事の話をしていると、ほとんどの人が、「好きな仕事がない」と口癖のように言っているよね。でもそう嘆く前に、**今まで仕事をしてきた中で、好きになる努力を十分にしてきたのかを自問してみてほしい。**

仕事を選ぶ基準には「必要とされるから」「得意だから」「好きだから」という3つがあるけれど、短期的に考えると、会社や誰かに「必要」とされて、「得意」とすることがお金を稼げることで、「好き」なだけでは仕事にはならない。でも、中長期的に見れば、自分の心がワクワクすることを仕事にすれば、満足度が上がるし、それによって生み出された価値が、誰かの役に立つという楽しさも出てくる。

会社に行って仕事をしても、つまらなくてやる気のない状態で、毎日8時間、とりあえずやり過ごしていたのでは、好きなんてとても思えない。でも、同じ仕事をしていても、たとえばコピーを取ることや書類をつくることの中で、**その仕事に対する、自分ならではの**

かかわり方や意味を見つけられれば、上司に叱られながらでも、自分の成長につながる工夫をしていける。そこから、自分の本当に好きなことを見つけていける。

会社員ならば、給料は銀行に自動的に振り込まれているのが当然と思っているようなところがあるけれど、そのお金を自分から払ってでもしたい仕事なのかどうかも考えてみる。そうやっていくうちに、**心から好きなことが見つかれば、そのあとはどんなに苦しくてもやっていけるから、努力の存在しない世界に到達できる。**たとえば子どもが時を忘れてゲームをやり続けていられるように、主婦が韓流ドラマを一日中観ていられるように、時間の感覚も何もなくなった〝夢中の世界〟で、仕事の生産性も劇的に向上していく。だから「心から本当に好きな仕事とは何か」を、自分で考えることが大切なんだ。

実際に好きな仕事を考えるとき、多くの人は職種で考えて、パティシエとか建築家とか、保母さんなどを連想してしまうけれど、特定の職種である必要は必ずしもないんだ。たとえば、お客さんと直接かかわりながら仕事をする、ものをつくり出す仕事にかかわれるなど、**どういう状態のときの自分が一番夢中になれるかという「自分だけの価値基準」を持つ。**それが好きな仕事を見つけるための最良の方法だ。

好きな仕事を探す簡単な方法は？

自分の価値基準を持って、夢中になれる仕事を見つけるといっても、具体的にどうやってそれを探していけばいいのかがわからない、という人も多いはずだよね。

そういう人は、自分が好きなことではなく、まずは**日頃いっぱい溜まっているはずの、仕事や職場に対する「不満」をノートに書き出してみる**。

たとえば給料が低すぎる、上司との人間関係が悪い、同じ仕事の繰り返しだ、時間に追われている、誰かの指示による仕事ばかりだ、休日に休めない、忙しくて旅行もできないというようなことを、思いつく限り書いていく。これは現実に直面していることなので、おそらく書いているうちに怒りでムカムカしてしまうこともある。

そして次に、その不満を**「クリアする」のはどのような状態なのかを考えて、またノートに書いていく**。たとえば、時間を自由に使える、場所を選ばずどこでも仕事ができる、自分で価値を決めて仕事ができる、人とコラボをしながらサービスを生み出せる、得意の英語が使える仕事ができる——というようなことを、思いつく限りノートにどんどん書き出していくんだ。

そうすると、**それまでは気づかなかった、自分が一番夢中になれる状態が、面白いほど見えてくるようになる**。そのあとは、ノートに記したことについて書かれている本を読んで調べたり、ネットで検索してみたり、信頼できる誰かに相談したりしながら、それに見合った仕事を探していけばいい。

ほとんどの人の場合、今就いているのは、高校や大学時代の就職活動でたまたま縁があって出会った仕事。子どものころから「これがしたかった」という仕事に就いている人は、ほんの一握りだろう。

ということは、ほかの仕事にも縁がある可能性は、十分にあるということ。**自分から積極的に関連づけようとしないから、そこに縁が生まれないだけ**。仕事も恋愛も同じだね。

部署移動、転職、副業、週末起業など、柔軟に考えてみよう。

副業があなたを救う本当の理由

これからお金を稼ぎたいと思っている人にとって、**自分の価値を自分自身が知らないということは、深刻な問題だよね。**

だから、まずは副業や**週末起業をして、自分がどのくらい稼げるか、自分の手で試してみる。**

勤務している職場の仕事に支障のないかたちで、「ヤフオク！」「メルカリ」で物を売るのでも、アフィリエイトをするのでもいい。休日に1、2万円のお金をつくってみる。お金をつくるだけでなく、一人で仕事をして、自分と向き合うことで、

「私は、本当は何をしたいのか？」

と自分に問いかけ、その心の声を聞いてほしいんだ。

多くの人は、所属している職場で評価されないと、

「私の人生は、終わりだ」

と、勝手に恐怖をつくり出してしまう。組織の人事のピラミッド構造の中では、上司に歯向かうことができないから、たとえ理不尽なことを言われても、自由な意見を言えない。そうなると、毎日がしんどくなって、思考停止状態に陥ってしまう。

そんな状況の中、たとえば起業を目指している人に、

「年収は、具体的にいくらぐらいほしいの？」

と聞いても、答えは全然返ってこない。

年収は、新しい仕事にトライするための一つの目標になる。だから、具体的な数字を決めようと言っても、**ほとんどの人が他人との比較ばかりで、自分自身を評価したことがないから、どうしても会社員としての現在や過去の年収と比べてしまう。**

だから、**会社員には週末起業をしてほしいんだ。**

自分の手でお金を稼ぐようになれば、その感覚が必ずわかってくる。そうしている中で、自分の価値や可能性を知ることができるようになれば、理想的だよね。

忙殺されて、好きなことができない！

「あれもやらなきゃ、これもしなきゃ」

女性はよく、そう言いながら1日中忙殺されているよね。でも、それで結局、大事なことがやり遂げられないとすれば意味がない。

結果を最初に考える男性から見れば、まずは一番大事なことをやればいいのにと思うけれど、ほとんどの女性にはそれができない。それはなぜかというと、**女性は「過程」を大事にするから。つまり、いろんなことを満遍なくやろうとしてしまう。**

でも、一流の人は、誰よりもさわやかに短時間で仕事の結果を出す。しかも、社長業などもこなしながら、ジムに行って、旅行にも出かけて、趣味もやってと、普段と変わらない生活の中での結果だから、驚きだよね。

これは、一般的にはタイムマネジメントが長けているという話になるけれど、それ以前に、一流の人には、本質を見抜く洞察、つまり優れた判断基準がある。だから**何か物事を**

スタートさせる前に、「どこを攻めるか」ということを見極め、集中力を発揮するところと手抜きしていいところを決めて、取りかかれる。

しかも、1日の中でも自分が集中できる時間帯もわかっているから、たとえば朝起きてからただちに一番大切なことをパッと始めて、すぐに終わらせてしまう。

一方、ほとんどの人は、最初から集中してスタートしてしまう。目の前のものから、締め切り順にかかわってしまうんだ。そうしているうちに、一番肝心なところにたどり着けないまま終わってしまう。

さらに、自分の集中力が限られていることが認識できていないから、肝心な仕事に取りかかる前に、YouTubeを眺めたり、Facebookを見たりしてしまう。いろいろやりすぎた結果、ちょっと本気を出して仕事をやろうかと思ったところで力尽きるみたいな感じ、なんとなく、わかるよね。

仕事に忙殺されている人は、仕事の量ではなく、「こなし方」が間違っているということ。

まずは、そのことに気づくことが大事だね。

9割の仕事は頑張らなくてOK

ここでは、仕事を効率よくこなしていくために、僕がいつもやっている方法を紹介しておこう。

僕の仕事は、まずは全体を眺めて、自分の時間とエネルギー（集中力）をどう配分するかを考えることからスタートする。基本的には、全部の仕事のうち、重要と判断した1割の仕事に、時間とエネルギーの9割を配分するのがベストだと思っている。

つまり、**集中的に攻めるべき仕事1割に9割の時間と集中力、残りの9割に1割の時間と集中力を投入する。**

ほとんどの人は、9割の仕事に9割の時間、残りの1割の仕事に1割の時間をかける。でもそうすると、指示を出した上司の評価の点数がすごく低くなる。

つまり、上司の言っていたことの本当の意味がわかっていなかった、ということだ。**上**

司がどういう仕事をやるように言ったのか、そして、どういうところで評価をするのかという本質を見抜く力があれば、そこを攻めればいいだけ。その本質がわからなければ、いくら徹夜でがんばっても、結果的には何も残らないことになるよね。

最後に、1割の重要な仕事を見極める僕の日常の流儀を一つ紹介する。

僕は朝と夕方、必ず毎日2回の瞑想をする。毎回20分ずつ、一日合計40分の瞑想になるのだが、この40分の瞑想の時間が持っているパワーは凄まじいものがある。それは心身の疲れを取るという効果だけではなく、心のなかが深海のように穏やかになり、頭のなかに雑念が浮かばなくなり、自分が集中したいときに一点集中が可能になる。そのために、仕事上のパフォーマンスも劇的に上がっていくんだ。

人と会ったあとはカフェに入ろう

もう一つ、僕には仕事で結果を出すための秘策がある。

僕はいつも、誰かと会ったあとは、必ずカフェに入ることにしている。それは、**会った人との対話の内容を1行の文章にまとめる**ためだ。それ以外のときも、そのときあったこと――本を読んだり、プレゼンをしたりしたときの本質的な内容を、１００円ショップで買ったメモ帳に、僕なりの1行にまとめて書き残すようにしている。

なぜこのメモ帳なのかというと、できるだけ気安く、たくさんの1行を書きたいと思っているから。基本的に本の見出しをつくる感覚で書いているので、その1行が１００個集まれば、1冊の本になる。

僕が得意としている仕事は、シンポジウムなどのモデレーターやファシリテーターで、そこで発言した政治家や経営者などに「なんで、そんなにうまくまとめられるんですか」と言われることがよくある。それは、僕が「つまり、こんなことですね」と、彼らが言葉にしなかったことも含めて、一番伝えようとしていた本質的なことをまとめて言えるから。

相手の発言の一番根幹にあることを言える人は、それなりに評価されるし、相手も自分の話を聞いてくれるようになる。これは、1行の文章にまとめている効果といっていい。


僕が大学で教えていたときも、授業で読ませた本の内容を、次の3つにまとめるよう、学生に課題を出していた。

①この本で著者が何を言いたかったのかを3行にまとめなさい
②あなたに響いた内容の要旨を3行でまとめなさい
③この本の結末を受けて、さらに自分がクラスで議論したいことを3つ書きなさい

300ページの本を1ページに要約できなければ、その本を読んだことにはならない。そこからまた1行でまとめることで、その本の本質を語れることになる。

これは就職活動をするときにも活用できる。面接で、自分が一番言いたいことの本質を1行でまとめて言えれば、面接官の対応も違ってくる。

誰かと話をするときも、プレゼンをするときも、「今日、一番言いたいことはこれなんです」というものを明確に持っている人は、相手の心を動かすことができる。

成功する人のシンプルな共通点

以前、僕はテレビで、紳士服店の若手男性店員のドキュメントを観たことがある。彼は全国で販売成績1位の実績を持っていて、お客様にいろんなコーディネートを提案をしては、それに見合う服を探しに店内をずっと走り回っていた。

お客様としては、彼が親身になって考えてくれるのが嬉しくて、薦められるままに商品を買う。ネクタイだけを買いに来たのに、それに合う服までセンスよく選んでくれるので、結局スーツ一式を買ってしまう。この彼のような人は、どんな職場に行っても通用する。

つまり、同じ仕事をするのにも、やらされている気分でやっている人とは、雲泥の差だ。

彼らは、心から喜びを持って、仕事をすることの意味を考える。そして、その先にいる人たちの期待に単に応えるだけでなく、その人たちがハッと驚くくらいのサービスを心がける。そういう人たちは、何をやっても成功するんだ。

出発点はどこでもいい。**シリアスな姿勢こそが、自分の「成長の角度と速度」を決める**

と思って行動すれば、とてつもないところに到達できることになる。

僕は、今でこそ、いつもリラックスして行動しているけれど、ここにたどり着くまでは、どんな場面でも緊張感を持って、シリアスな態度をとるようにしていた。そうすると、相手の自分に対する姿勢もまったく違ってくる。

だから、緊張感を抜かないでシリアスでいれば、社会の中で信頼される。でもそれは、かなり難しいことでもある。自分の目の前の相手だけでなく、自分自身や時間、仕事に対しても、真摯さを貫かなければならないからだ。

学びの場面でも、知識の量よりも基本的な姿勢がシリアスであればあるほど、多くを吸収できるようになる。吸収したことを活かそうとするから、仕事でお客様にサービスをするときも、満足を超えて感動まで与えられるようになる。

一流になるか、二流になるかは、こうした姿勢一つで決まる。

緊張感からしか集中力は生まれない。集中力を持ち続けると、突き抜けるという意味での突破ができる。そのことを、ぜひ覚えていてほしい。

column

「ガラスの天井」はあなたの中にある

「ガラスの天井」とは、組織内で実際に実力があっても、性差別や人種差別などが原因で昇進などが阻まれる、目には見えない壁のこと。男性社会的な言葉だよね。

とくに日本の社会の中ではよく使われていて、**女性からすれば、ガラスの天井があるから出世ができないとか、アンフェアだとか、社会がそうだからダメなんだということになって、諦めモードになってしまう。**確かに、古い組織を見ると、そうだなと思える点も山積されている。

でも、自分が組織内で頂上に達していないことの言い訳になってしまうことも、結構あるよね。実はそのガラスの天井って、ものすごく高くて、はるか彼方にあるから、自分にとっては天井にもなっていなかったりする。ぶつかるどころか、かすってもいなかったりして。

だから、**現実的に女性が問題にすべきなのは、実は「自分の中のガラスの天井」のこと**。

実際に、社会が女性の可能性を制限している部分はあるけれど、ほとんどの女性は、さまざまな挑戦の機会を与えられているにもかかわらず、勝手に自分自身が自分を制限することで、それを実現する可能性を自ら手放している。

つまり、**自分の可能性を制限している真犯人は、自分自身である**。そのことに、そろそろ気づいたほうがいい。

これは、働いている人だけの問題ではなく、家庭を守っている主婦や、子どもを持つお母さんにも言えること。本当にできる人は暗闇の中にいても光を探し、できない人は光の中でも暗闇を探す。言い換えれば、**本当にできる人は限界の中**

にいても可能性を見いだすことができるし、本当に何もできない人は、可能性がいっぱいあるのに、その中で自分の限界を探そうとする。

言い訳を探そうとする人は大勢いる。そういう人は、言い訳を100個でも200個でも考えるんだろうけれど、現実に成功するのは、「いや、やってみます!」と言える人なのだということを、忘れないことだ。

自分は、限界の中にいても可能性を見いだせる人なのか、それとも可能性の中で限界に逃げこもうとしてしまう人なのか、一度自問してみるといい。

第6章

前に進めないときは

行動の断捨離で人生をシンプルに

人は本質を見る目が養われると、人生がシンプルでエッセンシャルなものになる。

ファッション誌などでよく見かけるパリジェンヌのクローゼットには、服が10着くらいしか入っていないらしいが、必要ないものはすべて取り除いて、自分が本当に好きなものだけ身にまとっていれば、そのくらいシンプルに暮らせるということだ。

これは何も、服だけを少なくすればいいと言っているんじゃない。**自分の価値基準を持って、心から好きなものは何かという本質を知れば、人生全般にわたって、自分らしくシンプルな毎日を送れる**ということ。

これまで一生懸命歩いてきたけれど、なかなか前に進めない。もう少し高いところに上りたいんだけれど、**歩くのもしんどくて、とても登れそうにない。そうなったら、1回立ち止まって、人生をシンプルに、断捨離しなきゃならない**。

断捨離をするといっても、本当に大切な水を捨てて、いつ使ったらいいのかがわからないような桶を持って歩いても、意味がない。自分の価値基準を見極める必要がある。
そこで大事なのは、頭では判断しないこと。とりあえず頭はコックピットから放り出して、心や直感で判断する。とはいえ、いつも頭で考える癖がついている人たちには、なかなかピンとこない話かもしれない。だから、日々の生活の中で、直感を磨いていく。

そのためにはまず、**①ものを捨てる　②やめる　③離れる　④断る**、の4つが必要だ。この4つについて、自分の中で実行したいこと、でも実行していないことをバーッとノートにリストアップする。捨てたいもの、でも捨てていないもの、やめたいこと、やめていないこと、離れたいこと、離れていないこと、断りたいこと、断っていないこと——。そうすると、ものや場所、人などのリストがたくさんあがってくる。

そのリストに基づいて、今度は実際に、少しずつ実行してみる。たとえば僕の場合、以前は朝起きてもベッドの中でしばらくぼんやりしていたけれど、「朝は布団からパッと出て、歯磨きの前はスマホを絶対に見ない」と書いて実行した。**それをいろんな場面でやり続けると、生活全般がシンプルになる。そうすると、物事が鮮明に見えてくる。**物だけでなく、毎日の行動の断捨離。あなたにも、ぜひ実行してもらいたい。

あなたにとってのノイズはなに？

物事を断捨離して、人生をシンプルにしようとしても、「これで、本当に大丈夫？」と、不安になるときもあるよね。そんなときは、生活をノイズレスワールドにするといい。

ノイズには、聴覚的なものだけでなく、視覚的、精神的なものなど、いろんなものがある。そういった感覚を、どれだけなくしていくことができるかどうか。

僕は人混みも音楽がうるさい場所も好きじゃない。視覚的にも、雑多なものが見えるところより自然に囲まれた場所が好き。だから自分に気を遣って、そういったノイズを消す。そうすることで、自分を大切にできるし、結果的には集中力を高めることもできる。

「集中力を高める方法が、よくわからない」

と言っている人もいるけれど、このノイズを消せばいいだけ。集中したいときは、スマホは離れたところに置いておく。そうやって、自分がどのノイズに反応するのかを知っておけば、いざ集中しようと思ったときに、使える。

多くの人は、自分がノイズに我慢していること自体に気づいていない。でも、そういう人の歯を見ると、歯ぎしりのあとがいっぱい残っている。頭では気づいていなくても、体に反応が出てしまうんだね。

ストレスは日頃の我慢からくる。だから、リラックスすることが必要だ。たとえ職場で我慢しなくてはいけない場面があったとしても、どこかで必ずリラックスできる時間をつくる。癒やしになるような場面づくりを、自分で意識するようにすればいい。

人は環境に対しては無力。つまり、その環境によって人はつくられる。幸せも不幸もつくられるんだ。**しかし幸いなことに、人はノイズの場合と同じように、環境の一部を自分で変えることもできる。**

たとえば今の上司は替えることができないけれど、彼に対する自分の向き合い方は変えられる。ある程度の臨界点を超えたら、その上司がいない会社に移ることだってできる。

最終的には、自分がその環境から離れる決断ができる存在なんだということに、気づくことが肝心なんだ。

自分の選択が不安なときは？

いざ人生の選択をするということになると、不安になるよね。

それは、その選択が正しいのかどうか、わからなくなるから。でも、**人生の選択とは、その瞬間に正解が決まるのではなく、選択の直後から、それを正解にしていくために、自分が「いかに最善を尽くすか」ということが大事。**

僕らが選んでいるのは「道」であって、その目的地にたどり着くのはこれから。

人生の正解は、見つけるものじゃない。時間をかけて、自分がつくり出すもの。

だからあなたは、何を選択してもいい。

たとえ世間の99%が「それは、できっこないよ」と言ったとしても、本人が努力してその選択を正解にしたケースは、この世の中にはいっぱいある。スティーブ・ジョブズだって、アインシュタインだって、世の中のアーティストだってそうだよね。

とはいえ、その選択の際には、決断も必要になる。

「決断」とは、字を見ればわかるとおり、決めて断つこと。最初から全部手に入るならば、決断はいらない。つまり決断とは、「捨てて、選ぶこと」。だから、本当に選ばなければならないときは、覚悟が必要だ。

覚悟というのは、犠牲が伴うから覚悟が必要なのであって、あれもこれもと全部を取れるならば、覚悟はいらない。ということは、人生の選択には、必ず犠牲が伴うことを意識しなければならないことになる。

たとえば、この仕事を取れば、給料は減って家族ともしばらく会えなくなるが、子どもの頃からずっとやりたかったことで、自分を大きく成長させることもできる――となれば、がんばって挑戦する道を選ぶことを覚悟するしか、ほかに方法はないよね。

こんな極端な例ほどではないにせよ、**自分の中に、いろんなことを犠牲にしているという意識があれば、自分が選択した道を正解にするために命を削るくらい努力をするようになる。**そうなれば、選択した道を歩いていく過程での、情熱や集中力も違ってくるんだ。

真似はいち早く価値を生み出す

SNSなどを見て、可能なら自分でも事業をやってみたいと漠然と思っている人は、大勢いるよね。でも、**なかなかスタートできないのは、最初からオリジナリティが必要だと思っているから**。

オリジナリティはそう簡単にできるものではないし、今どんな事業があるのかを知らなければ、新しく商品を出したつもりでも、「もう古いよ」ということになってしまう。

だから**最初は、「今あるもの」を真似する**。今、お金を稼いでいる人のほとんどは、真似上手。真似というと悪い印象があるけれど、だいたい日本の文化だって、言語、建築、仏教と、みんな海外のものの模倣から始まって、独自の文化に成長したものばかり。

そこでまずは、**どういう起業をしている人たちがいて、その人たちがなぜ人気があるのかを見る**。たとえば僕の友人は、以前はブログの文章をまったく書けなかったけれど、一念発起して、自分が読んでいる中で一番素敵だと思ったブログの文章をそのまま自分のノートに毎日書き写した。すると、彼はいつの間にかその感覚やコツをつかんで、魅力的な文章が書けるようになった。そして、今では超売れっ子のブロガーになっている。

つまり、彼は模倣＝モデリングをすることで、オリジナリティを出せるようになった。最初は模倣8割、独創2割よく、時間の経過とともにその割合を逆転していけばいい。

起業して活躍している人のほとんどは、最初は先例をモデリングすることで起業し、のちに自分の独自の価値を生み出し、その結果、世の中に認められるようになった。

・自分はどういう価値を生み出すのか
・その価値は、誰をどういうふうに幸せにするのか
・その価値提供を通じて、どのように経済的代価を得ていくのか

それを考えて、答えを実践していく「起業マインド」を持って、がんばっているんだね。

起業マインドは、起業家だけでなく、会社員として生きていくためにも、子どもを教育するためにも、結婚生活を続けていくためにも、人生のすべてにおいて必要。つまり、自分が「価値を創造している」と実感できる人生を生きたいよね。

成し遂げたことがないって
ダメですよね？

新しい仕事にチャレンジする機会があるとき、人はよく、

「でも、私は何も成し遂げてこなかったので……」

という言葉を口にする。自分は過去に実績がないと考え、そのことにコンプレックスを感じて自分をダメだと思う。そしてそれへの償いとして、がんばろうとする。でも、

「その成し遂げてこなかった実績って、社会の中でなんとなくまわりと比べて、自分ができなかっただけのことじゃないの？」

と、僕は言いたい。

自分の人生の実績は自分の中にある。人と比べるものじゃない。


僕には、この年齢になって、見えてきたことがある。人生の折り返し地点に来て、残りの人生を考えたとき、自分が持っているものがいつか失われることがよく理解できるよう

になった。大切な人もたぶん病気になって亡くなっていくだろう。自分自身も心身ともに失うものが多くなってくる。そうなると、自分が今持っているものに感謝しながら生きていかなきゃいけないと思うようになったんだ。

でも、若いときは、ずっと何かに追われていて、

「自分の幸せは自分の中にある」

ということに気づかない。

たとえば会社員の場合は、なんとなく昇進を目指して、仲間より早く出世してと、組織の中での実績に追われ、振り回されて生きている。彼らに、

「あなたの人生で、本当に残したい実績はなんですか？」

と聞いてみると、ほとんどの人は何も答えられない。「そんなことを考えるのって、甘いんじゃやない？」という感じで、心の奥深くに眠っているはずの思いに蓋をしてしまうんだ。

まわりの基準に振り回されず、コンプレックスなんてどこ吹く風で、今の現状に満足し、今の自分を認めて、その上で「なりたい自分」を目指していけば、その過程さえ楽しんでいけるはず。そのことをもう一度、自分と正面から向き合って、考えてもらいたい。

先送りをどんどんしよう

「先送り」することには、ほとんどの人がネガティブなイメージを持っているよね。

でも、そんなイメージは捨てたほうがいい。僕だって、普段の生活の中では、先送りや先延ばしをしょっちゅうやっている。

それに、**先送りをしなければ、自分が本当に集中したいことに集中できなくなることもある**。たとえば、今日中にやらなくてはならない大事なことがあって、その中で明日でも間に合うものがあれば、先送りする。そうしなければ、大事なことができなくなるからだ。

ほとんどの人が頭の中に強迫観念を持っていて、

「どんなことに関しても、先送りをしちゃいけない」

と思っている。だから実際に先送りをしたときに、罪悪感を持つんだよね。


確かに先送りには、してはいけないものもある。でも、**普段の生活の中では、していい**

先送りのほうが多い。まずはそれを見極めることからスタートする。

ただそのためには、判断基準が必要だ。将来のことに関していえば、「どこに到達したいのか」「どうなりたいのか」「どうありたいのか」という、目的や夢を明確に持っているならば、それ以外のことは、確信犯として先送りしても気にする必要はない。

でも、もし先送りをすることで後ろめたさを感じるならば、それは自分が夢や目的を持っていない証拠。そのことは、ちゃんと意識しておかなければならない。

本当に夢につながることを先送りしてしまっているのなら、罪悪感を持って、反省して、改める必要がある。

でも、ほとんどのことは「先送りすべきなんだ」ぐらいに思っていたほうがいい。人の集中できるキャパは限られている。だから、残りは無視するぐらいのほうが、ちょうどいいんだ。

「私、先送り上手なの」

と、言えるくらいのスタンスでいられれば、生活も、よりシンプルになる。それだけいざというときは、集中力も上がるから、結果も出やすくなる。

第7章

習慣を
変えるだけでいい

5つのことを感覚で選ぼう

毎日を変えようとしても、どうやっていいのか、いろいろと悩むよね。

でも、それで結局何もできないのだとしたら、元も子もない。だからここは、あれこれと考えて止まってしまわないように、「心」を優先させ、

①人　②物　③言葉　④場所　⑤食事

について、感覚で決めるようにするんだ。

基本は、自分のエネルギー。自分がエネルギーをもらえる人や物、言葉、場所、食事を選んでいく。ここでは、心を優先する5つについて、ちょっとだけかいつまんで説明しておこう。

①人の場合、これからは**できるだけエネルギーをもらえるような人たちと付き合う**ようにして、エネルギーを奪っていくような人たちとの接触を控えるようにする。

②物については、値段が安いから、なんとなく買うのではなく、**自分でその物の価値を**

考えてから、プライスタグを見て買うようにする。そうすることで、物事を見るときの価値判断ができる。

③言葉は、あなたが普段、人や本、SNSなどで接しているものを精査して、**自分にエネルギーを与えてくれる言葉に触れる機会を増やす。**たとえば、いつもお気に入りのバッグに詩集や本を忍ばせ、美しい言葉や、自分を励ましてくれる言葉と接する。その大切な言葉を紙に書いて、常に目にできるところに貼っておくのもいいよね。

④場所は、今の自分のレベルより少しだけ上の、**自分のエネルギーが上がるところに行くように心がける。**環境の力を借りることに積極的になることね。

⑤食事は、心身の健康を守るためにはとても重要。まずはコンビニ弁当をやめよう。そして、何かをやりながら食事をすることもやめ、丁寧にゆっくり食べる。

また、野菜を選ぶときはとくに、安さだけで選ばないようにする。**たとえば1本のニンジンを育てるのにも、人の貴重なエネルギーと時間がかかっている。**どんな食事でも、それが生まれた背景を想像すれば、感謝の気持ちを持って食べることができるよね。

いろいろ変えるの、めんどくさいです……

そんな時は**ほかのすべてを犠牲にしても、睡眠をとること**。何かストレスになることがあると、それが元になって、人はまずは感情が乱れ、頭痛が少し走るようになり、最後には体調が崩れてしまう。自分の体調が悪いことに気づいたときには、すでに手遅れ。行動はおろか、考えることもろくにできないような最悪な症状に陥る。だから、そんな状態にならないためにも、とにかく睡眠を万全にとることが大事なんだ。

実は人間は、何よりも体のことを大事にしなければ、幸せが持続しないようにできている。体を大事にする体調管理の中でも、睡眠をとることは最優先事項。

僕は、若いみなさんに相談されるときも、

「まずは睡眠時間を、7時間から8時間は必ず確保しなさい」

と言っている。

睡眠を確保したら、体を動かすことも大切。毎日汗を流してみると、日常がまったく違うものになる。

たとえば毎日30分早起きして、自分の家の近所を散歩してみる。また、毎朝20分ストレッチをして、たくさん水を飲んで水分補給をする。それだけでいい。ストレッチを毎朝20分やるだけで、体調がまったく変わってくる。

あとは、瞑想。瞑想をして、20分のストレッチをすれば、体の凝りもとれるし、1日の集中力も高まる。朝が苦手で、どうしてもできそうにないという人は、1日のどこかで5分瞑想をして、5分ストレッチするだけでもいい。自分なりの運動方法を取り入れて、とにかく体を動かしてみることだ。

僕の場合は、前にも少し書いたけれど、毎日決まって午前中にスパに行って、1時間ぐらい運動したり、瞑想したり、サウナやジャクジーに入ったりして、汗をかく。それに、時間のあるときには、散歩もして、なるべく歩くようにしている。

体の調子がうまくいくと、思考も感情も鮮明になる。何よりも体が資本と思って、睡眠などの体調管理を優先しよう。

感謝して借りるだけでいい

「今日は朝から、元気が出ないなあ」ということ、たまにあるよね。

そんなときは、頭より心を優先させるといい。そのときの自分のエネルギーの状態を、行動をするときの判断基準にすれば、少なくとも心の中の違和感はなくなる。つまり、**心の中の違和感に耳を傾けることで、元気がなくなった自分のエネルギーを高めることができる。**

ただ、自分が元気がないときに、高いエネルギーを持った人と一緒にいたり、そういう人たちがいる場所に行ったりすると、心の中に葛藤が生まれる。高いエネルギーの人たちと今の自分の状態を比べて、劣等感を持ったりする。張り合う気持ちが出てきて、自分がみじめになるんだね。

でも、そういうときは、「借りる」というマインドを持とう。

「私は、この人やこの場所に、エネルギーを借りるために来ているんだ」

そう思えれば、相手やその場所に、劣等感ではなく、「ありがとうございます」という感謝の気持ちを持てるようになる。

「私は、この環境から、徹底してエネルギーを借りるんだ。充電させてもらうんだ」

そう思うと、高いところに行けば行くほど、喜びが増える。それはある意味で、自分のメンタルを安定させる秘訣でもある。

みんな、人や場所の力を借りることがとても下手で、強がっちゃうんだよね。でも、そんな強がりはどこかにポイと捨てて、まわりのエネルギーが高いことを純粋に喜び、そこからもらえるものは「ぜーんぶ」もらってしまおう。

感謝しながら受け取る気持ちでいくと、エネルギーが高い場所に行けば行くほど、喜びと自分の中のバッテリーが、満タン状態になる。だから、エネルギーを意識して「日常を生き、選択する」ことが大事なんだよね。

実は、それを意識できれば、ガチガチにがんばらなくても、エネルギーが高まって、やる気と集中力が自然に出てくる。そうなれば、創造力も上がって、成し遂げることが、どんどんどんどん大きくなっていく。そう思えば、もっと元気になれるよね。

やめられない習慣があります

僕らはよい習慣を身につけると、毎日を気持ちよくシンプルに過ごせるようになる。

人は日常の意思決定の半分以上を、習慣として無意識にやっている。つまり僕らは、人生のほぼ半分を無意識に生きていることになる。無意識ということは、エネルギーを使わずに行動できることだから、習慣を味方につければ、僕らは豊かな人生を送れる。でも一旦敵に回すと、たちまちダメな人生に向かってしまう。

人生の味方になるよい習慣は、努力して、繰り返し身につけてきたものが多い。一方、人生をダメにする**悪い習慣は、無意識にいつの間にか身についてしまった行動**だ。だから、自分の悪い習慣をすぐに改め、よい習慣を身につけて、新しい毎日を始める必要がある。

そのためには、まずは**自分の悪い習慣を意識することが大事**だ。タバコもお酒もダラダラすることも、そのこと自体は個人の嗜好ともいえるけれど、習慣になると、思考停止状態を生み出す。つまり、当たり前＝思考停止ということだ。

だから、まずは手始めに、自分の毎日を振り返り、悪い習慣になっていることをノートにリストアップしてみる。そして、次の4つのステップを実行する。

①悪い習慣を持っていると「認識」する

②それを改める「決意」をする

③その決意に基づいて「行動」する

④その行動を「反復」する

これを3週間続ければ、よい習慣になっていく。悪い習慣のない、新しい習慣が身についた状態になるということだね。僕は朝の最初の1時間は、ネットやスマホでブラウジングしない。新聞も読まない。それは、情報を得ることにエネルギーを使ってしまうと、自分にとって最重要なことに取りかかれなくなるから。

よい習慣の比率を高め、悪い習慣をゼロに近づけていくためには、同じ習慣を身につけたい人たちと仲間になれば、それがモチベーションになる。

そのほかにも、たとえば直したいことをついやってしまったら、「キュー」と声に出して自分に合図を送る、悪い習慣を克服したら自分に何かプレゼントをするなどの決まり事をつくっておくと、定着する可能性が高くなるんだ。

朝を制する者は人生を制する

僕は、「朝を制する者は、人生を制する」と思っていて、エネルギー満タン状態のこの時間を利用して、集中的に仕事をしている。**とくに朝起きてからの3時間は「黄金の時間」といわれ、日中より3倍も4倍も効率が上がるんだ。**

だから僕は、仕事でテンパっているときは、

「朝起きたらすぐに3、4時間仕事→1、2時間睡眠→3、4時間仕事→食事後に1時間睡眠→3、4時間仕事」

と、〝朝を3回迎えるパターン〟で乗りきる。この方法だと、《3時間＋3時間＋3時間》×3倍で、少なくとも27時間分の効果を上げられることになる。9時間続けて仕事をするよりも、集中力が高まって、はるかに効率的だ。

そして朝は必ず前日日記を書く。当日のミッションをつくるのもいいだろう。それを朝のルーティンにすれば、余計な消耗をしなくてすむし、すごく楽にできるようになる。

ただし、**起床直後には、意思決定をできるだけしない。朝起きてからすぐに意思決定をすると、エネルギーが消耗して、そのあと集中力が一気になくなる。**だから、次の日に何を着ていくのかは前日に決めておく。朝の忙しい時間に服選びなどをしていたら、それだけで頭の中がいっぱいになってしまうしね。起床直後の準備は、前日の寝る前にできるだけしておく。

朝起きたときの頭の中は、前の晩の寝る前に考えたり感じたりした状態のままだと言われている。たとえば、前の晩にホラー映画を観てからすぐに眠ると、翌朝も頭の中に、いやーな感じが残ったままになる。だから、寝る前にはホラー映画は極力観ないで、クラッシック音楽などの、心が穏やかになる音を聴く。

早起きするのは大変かもしれないけれど、早寝すればそう難しいことでもない。そのためには、夜は10時か11時過ぎにはスマホやPCなどのスクリーンを見ないようにする。

休日は思いっきり怠けて、スマホやゲームし放題にしてもいい。でも平日は、寝る前にスマホの画面を見ないと決めて、ベッドの近くには置かずに、明朝のために早めに寝る。こうして**オンとオフの境目をきっちりつければ、朝を制することも、難しくはない**はず。

本気でイメージするだけでいい

僕は仕事柄もあって、これまでたくさんの本を買い求めてきた。その中でも、学生時代のお金がないときに、なんとかやりくりして買った専門書ほど、僕の人生にとって意味のあるものはないと思っている。

僕が以前聞いた話に、こんなエピソードがある。

ある街に、とても有名な作家が住んでいた。ある日、彼を訪ねてきた16歳の高校生が、こう質問した。

「私も作家になりたいんですが、どうすればいいでしょうか?」

すると、作家は答えた。

「今すぐ、あの文房具屋さんまで走っていって、5万円の万年筆を買いなさい」

――5万円の万年筆なんて、普通の高校生にはとても買えないような高価なものだけれど、「それだけの覚悟があるのなら、がんばりなさい」と、作家は言いたかったんだね。

これはお金の話ではなく、夢に対する本気度の話。**心からやりたいことがあるのなら、お金が入ったらではなく、今すぐ、自分の全財産をかけてでもやる覚悟で挑戦しなさい**ということだ。自分の夢に対して、どれくらいの情熱を持っているかということだよね。

あなたは、自分の夢に対して、「私、この夢のためだったら、すべてを捨ててもいいんです」と言えるだろうか。

ほとんどの人は「何も犠牲にするつもりはないけれど、夢は叶えられればいいですね」という感じだろう。この世の中は、夢は持っていても、情熱がない人でいっぱいだ。

でも、**情熱がなければ、その夢に向かってスタートすら切ることはできない。そうなると、夢はいつまでたっても夢のままで終わってしまう。**

だから、そうしないためにも、夢に日付をつけて、締め切りをつくる。

たとえば「映画がつくりたい」と思っているだけでは、映画は永遠につくれない。自分とちゃんと向き合って、キャスティングやロケ地、音楽、衣装などを具体的にイメージしていけば、その映画づくり自体のプロットができ、完成の可能性が高まってくる。

あなたも今すぐに、夢の具体的なイメージや締め切りを設定して、覚悟を決めよう。

なんでイメージが現実になるの？

人間の脳は、臨場感があるものに対しては、現実と思うようになるんだ。だから人は将来の夢を具体的に考えていくと、それを実現できるようになる。

たとえばあなたは、映画館にホラー映画を観に行ったとする。いよいよ上映が始まると……そこは現実ではないことは、もちろんわかっているんだけれど、化け物の出てくる世界につい引き込まれて、あなたは「ギャーッ！」と叫んでしまう。つまり、臨場感があるから、現実のように感じて、驚いてしまうんだね。

臨場感が増してくると、人はそれに合わせて体も思考も感覚も反応する。だから**将来の夢の場合も、そのことをどんどん具体的に考えていけば、臨場感が増して、より現実のようになっていく。**最初は「なんだかね」と思っていても、「私はこうなる！」と、自分に言い聞かせていけば、やがて頭の中に変化が訪れる。夢の世界が日常の世界になって、それが自分にとっての新しいコンフォートゾーンになる。

あなたは、水泳で金メダルを23個も取った、アメリカのマイケル・フェルプスという選手を知っているだろうか。彼は子どものころは注意欠陥・多動性障害があったのだけれど、それを克服しようと、お母さんに連れられて水泳の世界に入った。それがきっかけで、世界的な記録を残す選手になったんだ。

彼は水泳でメダルを取るために、コーチにイメージトレーニングを受けた。

「君は力いっぱい泳いで、世界記録を出して、金メダリストになる。表彰台では、金メダルを胸に、国歌を聞きながら、涙を流す」

そんなイメージを、彼は泳いでいるときも、日常を過ごしているときも、寝ても覚めても一日中、繰り返し想像し続けた。その結果、彼にとっては、金メダルを取ることが当たり前になった。

こうしたイメージトレーニングは、本来はコーチやメンターが果たすものだけれど、自分の夢を具体的にイメージしていくだけでも、夢への距離はかなり縮まるはず。

あなたが今いるコンフォートゾーンから見れば、夢の世界は居心地が悪くて、不安でいっぱいのところかもしれない。でも、夢の世界のことをずっと考え続けることで、そこは居心地のいい世界に変わる。イメージを持つことで、夢は現実の世界に変わるんだ。

幸せに向かって勝手に変わる！

あなたは今、未来の夢につながる道にいる。そこでブレーキをかけて走るのをやめてしまっているのは、あなた自身。だからそのブレーキを踏む足を外そう。

ただそのためには、**本当になりたい自分をノートに書いて、目で確認し、声に出して読んでみる必要がある**。そうすることで、夢の臨場感が増して、イメージが広がりやすくなる。それを頭の中で映像化してみれば、臨場感はさらに増す。

そして次に、自分の夢を誰かに語ってみる。自分の思いは、人に会わなければ伝えられない。だから、**明日、信頼する人に会ったら、自分の夢を語ってみよう**。そうすれば、あなたを応援したい人がきっと集まってくる。

それと同時に、夢に役立つことを常にやっていくことを心がける。**夢がまだ明確ではなかったとしても、道の行き先がはっきりしていなくても、だいたいの方角に向かって歩き**

始めるんだ。

人間にはブラインドスポットがあって、自分の興味のないことには目が行かない。それは、すべてを見てしまうと、体が疲れてしまうからだ。旅に出たときに、ホテルに戻るとぐったり疲れるのはなぜかというと、いつもより歩いているということもあるけれど、見たことがないものを全部見ようとするから。

たとえば街をなんとなく歩いていても、銀行は目に入らないけれど、「お金がない！ATMはどこだ?」ということになると、いきなり銀行が見えてくる。

夢もこれと同じ。「ATM、ATM」と探すように、夢のことを考えて毎日を過ごしていると、「あ、この人は私の夢につながる」「これは夢につながりそう」という感覚ができてくる。つまり、**夢が判断基準になると、日常行動が夢に近づくための選択になる。**

ここまでくれば、「今の私は、夢に近づくための行動をしているのか」「全然関係ないことをしているのか」と、自分をきちんと眺められるようになる。そうすると、日常の中での行動の仕方や、時間の使い方、会う人、行く場所、持つ物の選択すべてが違ってくる。

「なんとなく」ではなく、「夢」を判断基準にして行動する。それがポイントだ。

夢の達成は、料理やスポーツと一緒

毎日の中で、夢に向けた判断基準に従った行動を一つひとつしていく。

それと同時に、自分のキャパシティ自体を増やすための工夫をしながら、ゴールセッティングすることができれば、あとはもう、宇宙が味方になってくれると思っていい。日常に起きる物事、出会う人、行く場所すべてが、夢に向けて後押ししてくれる。

ただし、**世の中全部があなたの夢のために準備をしてくれていても、肝心のあなたが指揮をとらなければ、目的地にたどり着くことはできない**。つまり、食材はたくさんあっても、あなたが料理をしようとしなければ、料理は完成しない。料理方法がわからなくても、失敗を恐れるのではなく、火傷をしながらでも自分で何度も繰り返してやってみる。その試行錯誤の中で、絶品の料理はできあがるんだ。

自転車だって、そうだよね。最初から乗れる人なんていない。「自転車の乗り方」の本を１００冊読んでも、自分で何度も倒れながら体得していかなければ、乗れない。それは、知識は行動に落としこむことで初めて完成されるものだからだ。

僕らが持っているエネルギーは、普段は毎日やることに一つひとつ分配されているけれど、それらをalign（アライン）、つまり、目的地に向けて一列に並ばせることができれば、平均より突き抜けられる。

それと同じで、**ほとんどの人は「私には力がない」と思い込んでいるけれど、エネルギーをアラインさせて、集中できれば、夢に向かって突き抜けていける。**

ただし、夢に向けた一本道を歩いていると、目の前の一歩一歩に注意が行かなくて、石につまずいて転んだり、向こうから来る人にぶつかって怒られたりする。だから、目の前のことも夢のことも、頭の中で同時進行で見ていかなきゃならない。夢の目的地に対する意識を常に持ちながら、毎日のこともきちんとやっていく。

成功者の人生は、俯瞰すると一直線に見えるけれど、顕微鏡で見れば、一瞬一瞬の、いろんな意思判断でできている。**向こうから来る人や物事を、避けて、避けて、譲って、譲って、小さな軌道修正を繰り返していくうちに、夢の終着点にたどり着けるん**だ。

column

スランプから抜け出す10の極意

スランプは突然襲ってくる。何をしても調子が悪い、一生懸命やっても結果が出ない、今までできていたことができない……と、一度陥ってしまうとなかなか抜け出せなくて、いつまで続くのかと不安になるよね。

スランプに最も効く薬は、とにかく行動し続けることだが、マインドセットをいい方向に持っていくことで、最悪の状態から抜け出すことができる。次の10の極意で、スランプを克服しよう。

1　人生には必ず波があると考え、それを受け入れる

スランプは「出口のあるトンネル」。そう信じて歩いていけば、歩く向こうには必ず光が見える。

2　スランプが存在する意味を知る

そのときはスランプだと思っていても、あとになってみると、次のステージに上がるための試練だったということもある。試練や苦難、逆境を乗り越えた先には、それ以前には見たこともないような美しい景色がきっと広がっている。次への扉を開くための神様からのギフトと思って、行動し続けよう。

3　冷静になってスランプの原因を書いてみる

「私の感情は、愛しくて可愛い赤ちゃん」と思いながら、母子手帳に書くように丁寧に、自分のネガティブな感情の一つひとつをノートに書いてみる。言葉を文字にすることが、スランプのはけ口にもなる。

4　体の力を借りる

精神は体とつながっている。だから体を軽く動かすことで、スランプで悶々とした気持ちを晴らす。歩いたり、風に当たったりしながら、外の空気に触れてみよう。汗を流すことも重要だ。

5　人との比較をやめる。ＳＮＳから離れる

スランプを悪化させる原因は、多くが自分を人と比較してしまうこと。劣等感を感じると、苦しみも悪化する。だからスランプのときは、ＳＮＳを見ない。

6　原点に戻る

初心に帰る。基本に戻る。そもそも自分はなぜこれをやっているのかという「ＷＨＹ」。それを自分の中でもう一度考え直してみる。

7　笑いを忘れない

うまくいっているときは笑えても、スランプのときは笑えないもの。『幸福論』で有名なフランスの思想家アランも言っている。「われわれは幸せだから笑うのではなく、笑うから幸せになるのだ」と。

だからスランプのときは、自分の脳にできるだけネガティブなシグナルは送らない。イヤなこと、悪いことは忘れることが肝心。この人に電話する、この番組

を見る、この本を読むなど、自分を前向きにさせてくれることを普段からリストアップしておこう。

8　いい本を読む

人の幸福感には、絶対的なものもあるけれど、多くの場合は、まわりと自分を比べて、幸せかどうかを測るもの。だから辛いときは、ものすごく辛く感じる小説を読むと「世の中には、私よりもっと辛い人がいるんだ」と思えるようになる。たとえばドストエフスキーの『罪と罰』は最適だ。でも逆に、気分が暗くなってしまうかもしれないので、副作用にはご注意を。とにかく、いい本をたくさん読んで、疑似体験をいっぱいすることだ。

9　インプットを徹底的に心がける

僕の場合は、片っ端からメモをする。メモを自分から生み出そうとすると、アウトプットになるけれど、たとえばフランス語の単語をひたすら書いていく。要はアウトプットをやめて、インプットに徹する。スランプのときは、新しい知識を入れる勉強の時間だと思って、徹底する。

なぜインプットがいいかというと、余計なことを考えなくてもいいから。単語100個をノートに書いたり、メモカードを100枚くらい書いたりすることを自分に課してみよう。

10　自分のエネルギーレベルを高める

スランプのときは、ガソリン切れの状態だから、まわりの環境の力を借りて、エネルギーを高めていく。普段から自分が好きで、それをするとエネルギーが高まるものの中に身を置く。人、場所、食べ物、音楽など、会えばいつも元気が出る人や、行けばワクワクするような場所の力を借りて、スランプから抜け出そう。

〈10の極意〉全部を実行するのは、大変だけれども、自分に合った方法をいくつか見つけて、ぜひ試してもらいたい。

第 8 章

人間関係でつまずいたら

人の言葉に一喜一憂してしまいます

人と会話をしているときに、相手から言われたことにすぐに傷ついたり、ムカッとしたりすること、たまにあるよね。

だから僕は日頃、そういうことがないように、**人と会話をするときは、相手を観察しながら話すようにしている**。そうすると、自分の言った言葉に、相手が喜んでいるのか、傷ついているのかという、その人の「感情の状態」が見えてくる。観察力がある人は、相手の言葉を額面どおりには受け取らない。話の根幹を捉えて、間を置いて、相手の反応を見ながら対応できる。

人と会っているときは、ほとんどの人は感情を表に出さず、理性で固めた額面どおりの表情をしているもの。でも、それはその人の本質じゃなかったりする。

けれども、その奥にある感情は必ず本質だ。人は、**表では理性9割、感情1割と見せているけれど、裏では感情9割で物事を見ている**と覚えておいたほうがいい。

それがわかっている人は、観察力も優れているから、自分の思考や感情の状態はもちろん、相手の思考や感情の状態、それによって表される言葉の本当の意味がわかる。つまり、**「思考」「感情」「言葉」の3つの本質がわかると、神の対応ができる**というわけだ。

一方、9割の人はそれができていない。観察の姿勢がないから、人の感情の在処がわからない。だから会話でも、額面どおりに応じて、すぐに相手の言葉に反応してしまう。

でも、相手が不満や自分を傷めつけるようなことを言ったとしたら、その根底には、相手なりの合理性がある。

僕には人間関係の鉄則があって、**「自分にとっての理不尽は、相手にとっての合理」**と、普段から思っている。毎日を過ごしていると、自分は何も悪いことをしていないはずなのに、誰かに理不尽な言葉を投げかけられることって、あるよね。でも人は、自分にとって不合理なことは絶対にしない。相手にとってはその言葉も、十分に合理なんだよ。

だからそんなときは、「なんでよ?」と、すぐにムカッとするのではなく、一拍間を置いて、「相手の状態を、私は理解していなかったんだな」と、反省の機会にする。つまり、**相手の言葉の真意を納得する必要はないけれど、その言葉を発した理由があることを理解する**。人に対する観察力があれば、人間関係でのトラブルは、少なくなるよね。

愛されるのは肯定と傾聴の女王

人と会話をするときは、自分の感情をコントロールして、相手の感情に配慮できるかどうかがポイントになる。

基本は「完全肯定」。相手の話を受け入れて、恥をかかせたり、メンツをつぶしたりといった、相手の自尊心を傷つけることは絶対にしない。そうすると人は、「自分は受け入れられている」と捉え、相手を信頼するようになる。そうなればあなたも、人を動かせるようになる。

でも、いくら頭がよくて、流暢に話をしていても、人のことを受け入れず、攻撃したり、弱みにつけ込んだり、間違いを指摘したりすれば、相手はそのことを、たとえ理性では100％理解できたとしても、感情的にはイヤな気分になるもの。それでは権力でしか、人を動かせないよね。

だから、**会話をするときはいつも、相手の意図を意識して話を持っていくようにする。**僕の場合、誰かと会ったときの基本は、相手の話を聴いて、9割黙る。残りの1割で質問をしたり、相手の得意とするテーマに話を持っていったりして、その人のスポットライトになれるように心がけている。そうすると、相手に嫌われることもない。

世の中の常として、流暢に自分のことばかり話す人は、嫌われる可能性が高い。本人には自慢したり、見せびらかしたりするつもりがなくても、相手に劣等感を持たせて、「この人と一緒にいるのは、辛い」と感じさせてしまうことが多い。話し上手な人は、要注意だよね。

逆に、相手の話に耳を傾ける人が嫌われることは、ほぼゼロに近い。それは、人はナルシストで、自分の話を聴いてくれる人には好意を持つけれど、話を聴いてくれない人には「んんっ?」と、心に引っかかりが生じて、イヤな感情を抱く可能性が高いから。

だからあなたも、相手の話を完全肯定して、「傾聴の女王」になろう。そのためにも、**自分の感情をコントロールしながら、相手の感情にも配慮できるかが、肝心**なんだ。

会う前に5つの質問を用意しよう

人間関係の中では、いい質問が、とてつもなくいい結果を生み出すことがある。

それは、**「相手が考えるきっかけをつくる」質問だ**。

たとえば友だちとの会話の中で、あなたが何かをしたいと言ったとする。そのとき友だちが、「なぜ、それをしたいの?」と、真剣に聞いてくれれば、何となく言ったとしても、その根底にある自分の思いを考えるようになる。本質的な質問をしてもらうことで、自分の人生にとって、ものすごく意味のある答えを生み出すきっかけができることもある。

だから**会話の中では、「傾聴の女王」と「質問の女王」になる**。ただし、傾聴と比べて質問は難しい。それは、質問とは、自分で問題を発見し、相手に付加価値を与えるように設定することで、初めて成り立つものだからだ。質問の女王になろうとしても、なかなかなれるものではない。

質問には、相手の思考の方向性を決めてしまう力がある。

たとえば、私が講演会を終えたあとに、参加者に対して「今日の講演、どこがよかったですか？」と聞くアンケートを配ったとしよう。

そうすると、参加者は、「内容がとても響いた」「もっと話が聞きたかった」など、ほぼ間違いなくポジティブな返答が返ってくる。

一方で、「今日の講演、どうでしたか？」と聞くアンケートを配ると、ポジティブな返答も返ってくるけど、「内容が物足りなかった」「時間管理ができていなかった」など、返答の中身が変わってくる。

このように、質問の内容によって、返答の内容がかなり制限される。

言い換えると、質問する側は、質問される側の、思考の方向性を決めることができる。そのくらい、質問というのはパワフルなものなんだ。

このことがわかれば、質問をするということが、実は、自分を脇役にさせることではなく、主役として対話をリードすることにもつながるということに気づくはずだよね。

女性にも包容力が必要ですか？

傾聴も質問もそうだけれど、**人間関係を良好にするためには、相手を受け入れられる心の大きさ、つまり、包容力を持つことが大切だ。**

包容力があれば、ＳＮＳで華やかな生活をしていたり、逆に誰かに振られて辛そうにしていたりする人を見ても、いつも変わらずに「そういう人もいるよね」と、静観できる。**包容力を持って物事を見れば、人と比べて自分が幸せだとか幸せじゃないとか、いちいち反応するのではなく、「みんな、そうだよね」と思える。**

友人や仕事の同僚がミスをしたときも同じ。相手のミスを指摘して、非難するのではなく、様子を見守って、「誰にでもあるよね」と、励ましや勇気づけの言葉をかけられれば、相手の気持ちもどんなに救われるか、わかるよね。そうなれば、相手のあなたに対する評価も変わって、人間関係もよくなっていく。

ほとんどの人は「自分から心を開くと傷つけられる」という潜在意識を持っている。でも、こちらから心を開けば、相手も心を開いてくれる可能性は高まるはず。だから、自分から愛や信頼、傾聴を持って接することが大事なんだ。

人間関係の極意は、互恵の精神。**相手にしてほしいことをしてあげると、相手もそれをしてくれるようになる。**しかし多くの人は、もらいたいけれど、もらえないから与えない。それは自分が損をすると思っているから。だから、人からもらえることを待つ。でも実は、一番もらいたい人は、一番もらえない人なんだよね。

そこで**誰が一番もらえるかというと、包容力を持って、惜しみなく人に与えられる人。それは、その人が、愛や信頼の循環の起点になっているから。**

これはお金の話じゃない。この世の中で、一番価値があるものは、お金には絶対に換算できないものだと僕は思っている。だから、困っている人の話に耳を傾け、しんどそうな人の側にいてあげて、いつものカフェの店員さんに対しても、ちゃんと目を見て「ありがとう」と言う。そんなことでいい。**自分が起点になって、始めてみよう。**

本質を見る人は、お金に換算できないもの、たとえば命や空気、親の愛情、家族、友情などを大事にする。それが人生を支えているということが、よくわかっているんだ。

傷ついてる友人や、間違ってる上司には？

大切な人や同僚などの**身近な人がしんどそうなときは、どう接すればいいのか、わからなくて悩む**よね。相手のことを考えると、手を差し伸べたいのだけれど、かえって邪魔になるかもしれないし、迷惑になるかもしれない。だから、何もできなくなってしまう。

そういうときは、強引に相手のことに立ち入らないほうがいい。助けを求められたら、もちろん手を差し伸べてあげればいいけれど、助けすぎてもダメなんだ。要所要所で安否を確認して、「必要なことがあったら、いつでも声をかけてね」と、励ましの気持ちを伝えて見守る。

本当に理想的な関係は、線路の2本のレール。走るのはあなたね。だから行きたいときに行っていいよ。ずっと隣に寄り添って、速度も合わせるから――そんなふうに励まされると、人は一番救われた気持ちになる。

また、**人と意見が合わないときに、とくに目上の人に自分の意見を言わなければいけないときの対応も、悩みの種**だよね。自分だけが正しいと頭だけで考えて人をジャッジしてしまうと、相手の感情を傷つけてしまい、人間関係をダメにしてしまう。

この世の中には、敵に回していい人は一人もいない。それは、誰もが自分のことを一番大事に考えているから。だから、人が一番大事にしているメンツをつぶすような人は、誰もが敵に回したくなる。そう思って、相手と反対の意見を言うときは、ネガティブな表情は決して出さない。話をするときも、

「もうすでにご存知だと思いますけれど」

「今話されていることは、全面的に同意しますけれど」

といった前置きを必ず入れる。

そして、何かの結果を出したときにも、上司やまわりの人に、**「いつも、ありがとうございます」**の言葉とともに、次の言葉を添えて報告する。

「教えていただいたとおりにしましたら、お陰様で、こういう結果が出ました」

「これからも、ご指導をよろしくお願いいたします」

そうすることで、イヤな気持ちを持たせずに、相手を味方につけることができる。

なぜか会社で認められないのは？

職場でもプライベートでも、女性の世界以上に配慮してかかわらないといけないのが、男性社会の原理だ。**男はメンツを一度傷つけられると、永遠に忘れない。**男は基本的に戦いの生き物。メンツをつぶされるのは、命にかかわる問題なんだよね。

だから**配慮一つで、極端にいえば、高級フレンチの店に連れて行ってもらえるか、安い居酒屋に連れて行かれるか、というほどの対応の差が出る。**逆に考えれば、女性の配慮次第で変わるので、それを熟知すれば、男性を思いどおりに動かすこともできるということ。

女性は能力があるのに、組織内でなかなか上に行けないのは、そういう社会のメカニズムをよく理解できていないところもある。男性社会の中で活躍するためには、合理的かつ理論的で、しかも効率的に仕事の成果を出していけばいいと、女性は考えている。

でも、**実は男性社会は感情の世界。**男はそれを隠すのがすごく上手で、しかも表向きは感情的な人間は問題外としている。でも、その裏では、感情的な忖度の派閥世界が広がっている。つまり派閥に属したら、忠誠心を誓わされて、たとえすべてが理不尽で不合理であっても、それに従わざるを得ない。

でも、日本の社会で活躍する女性たちは、すごく倫理観が高いから、そういうのに混ざらない。そうすると、独りぼっちになってしまうんだ。

組織でがんばっている女性は、課長クラスまでは結構すんなり昇進する。でも、部長や役員クラスになると、そこはもうトップの男性の政治社会になってしまう。だから、倫理観を追求してがんばってきた女性は、自分を曲げることができないから、組織ではトップまで行けない。

由々しき問題だとは思うけれど、今の組織では、凛としてがんばってきた女性はなかなか出世できない仕組みになっている。

外資系企業だと女性がトップになることはあっても、日本企業の場合はかなり難しい。それには、組織自体の問題もあるけれど、女性自身の男の感情の世界への配慮が足りないということもある。**理性中心で走ってきた女性には酷な話だけれど、それを現実と捉えて、自分なりの対応の仕方をもっと考える必要があるよ**ね。

ムダな衝突を回避するには？

何か行動を起こそうと思ったときは、まわりの人を自分の魅力で動かす、ソフトパワーが必要だ。パワーとは外交用語として使われている言葉で、ハードパワーとソフトパワーの2つがある。ハードパワーとは、軍事力のように強制力をもって自分の思いどおりに相手を動かすことで、絶対的な権威が前提。

それに対してソフトパワーは、今の日本でいうと、アニメ、フィギュアなどのポップカルチャーが当てはまる。ソフト面の魅力で人を引きつけることで、相手を動かす能力――アニメの魅力に惹かれて、日本を訪れる外国人が大勢いるよね――をいう。

つまり**ソフトパワーは、人に愛を与えることで相手の信頼を得ることができる。**自分がしてほしいことを相手にしてあげることで、喜んで動いてもらえる状況をつくれる。

でもそのためには、自分の感情をコントロールして、自分自身の魅力を高めなければならない。魅力は、信念や実績、センス、コミュニケーション能力、外見などのすべてが合わさってつくられる。だから、**まずは自分を磨く。そして他者への思いやりや優しさを持って人と接する。仕事に自負を持つ。やることに対し、集中力を持って結果を出すんだ。**

そして結果を出したら、自分が全部やったと人に見せびらかすのではなく、**「みなさんのご協力のおかげで、こうなりました」と、感謝を表す。**そうすることで、まわりの人が協力してくれる状況をつくれる。

前にも述べたけれど、感謝やお礼の言葉、相手を怒らせず、味方につける枕詞などを上手に使う。**人間関係においては、そういう気遣いを含めた「根回し」は、必ずやるように心がける。**何かを始める前に、お世話になっている人に報告し、助言をもらう。その結果が出たときに、その報告と感謝の言葉、お礼の言葉を伝える。

それは、根回しをしないで何かいいことを起こすと、「私は聞いていない」と、まわりの人に警戒される原因をつくってしまうから。根回しというと、悪いイメージを持つかもしれないけれど、権威がある人にとっては、たとえそれが偽物だとわかっていても、可愛く映るもの。元来、本質がわかっている人には、必要ないものではあるけれど、みんながハッピーになるための道だと思って、実践していこう。

人見知りや緊張をなくしたい！

「私は人見知りだから、人とうまくやっていけない」と多くの人が言うけれど、人はみな、恥ずかしがり屋で人見知り。人は自分のことで精一杯だから、自分だけが心細い思いをしていると考えているけれど、実は世の中の人全員が、同じ思いをしている。

だからまずは、**自分のことで精一杯にならないようにして、人のことにも目を向けよう。**

あなたはパーティに行っても、自分から声をかけるタイプじゃないかもしれない。でも、最初から声をかけられる人なんて、ほとんどいない。誰もが人見知りで、心細いんだ。

それに、「私は人見知り」と言うことは、実は自分が過去に行動しなかったことへの正当化の表れ。でも、そんな過去のことより大切なのは、「これからどう生きていきたいか」だよね。だから**「人見知り」という自分に対する形容詞は、全部捨てる。なりたい自分に、今この瞬間からなりきって、それに値するような振る舞いをしていこう。**

自分から声をかければ、人から感謝されるし、新しい世界の人と出会えるよね。

「人前で話すときに緊張しないようにするには、どうすればいいでしょうか？」

そう聞いてくる人も多いけれど、それも同じこと。たとえば何かのプレゼンやスピーチをすることになって、そこで緊張しない人なんていない。緊張するのは、それをうまくやれるかもしれないし、やれないかもしれないと思うから。そこで**「私には可能性がある」と思えば、それを乗り越えられる**。まずはそれを意識すること。

そして次に、「それをやることの意味」を考える。プレゼンやスピーチで、メッセージを流暢に語れる人には、多くの人が拍手をする。でも、緊張でブルブル震えて、言葉も途切れ途切れになりながらでも誠心誠意をこめて一生懸命に、自分の言葉を伝えられる人には、みんなが感動する。**緊張しないで流暢にスピーチをすることよりも、伝えようとするメッセージや、そこに込められた思いこそが、人に感動を与える**。緊張を超えた先にある、そのことに意味があるのだということに、もう一度立ち戻ってほしい。

人見知りも恥ずかしがり屋も、緊張することも、元はといえば人に嫌われたくないから。それでもそれを乗り越えていける人は、なぜそうなんだと思う？　どんな人だって、人に嫌われたくはない。でも、それを超えた、その人にとっての目的やミッションがあるから、恥ずかしくても声をかけ、人前で緊張しながらでも、自分の思いを伝えているんだ。

「弱くていい人」はザンネンな人

人との付き合いでは、自分に対する姿勢がきちんと構築されていなければ、相手とのかかわりの中でいろんな歪みが出てくる。「強い自己」を確立していなければ、人とのいい人間関係は成り立たない。

人は、強い自己を確立していれば、自分の立場や利害だけでなく、相手の立場や利害を考える余裕ができる。自分のことだけで精一杯にならずに、人のことも考えられるようになる。

僕たちの人格は「弱くていい人」「強くて悪い人」「強くて優しい人」のタイプに分けられる。この3つの中でも、世の中には「弱くていい人」が大勢いる。

たとえば僕が以前、相談を受けた女性の話を聞いていると、彼氏はとてもいい人で優しいけれど、普段はずっとゲームばかりしていて、自分の未来については何も考えていないという。この彼氏は「いい人」ではあるけれど、自己を確立していない「弱い人」であるということだよね。これと同じように、「強くて悪い人」もたくさんいる。

でも、「強くて優しい人」は、この世の中にはそういない。

①あなたは自分をどれくらい信じていますか

②あなたは人生で何を大切にして生きたいですか

③その大切なものを守り抜くために、あなたはきちんと行動していますか

これらの問いに答えるのは、とても難しいことだと思う。

でも、**3つの問いにきちんと答えを出せる人は、「強い自己」を確立した人。そして人に対しても、心から優しくなれる人。つまり、「強くて優しい人」**なんだ。

「強くて優しい人」は、人との接し方も丁寧で、人を励ましたり、勇気づけたりしながら、相手の中にある可能性を見抜いて、それを本人にも気づかせてあげられる。そういう人からにじみ出てくる優しさは、本物だ。

あなたにも、いつかこの3つの問いに答えられるような人生を、歩んでいってほしい。

第 9 章

思いどおりにいかない恋愛には

彼の深層心理を解いていこう

恋愛はわからないことだらけなのに、学校ではその解決方法を絶対に教えてくれない。だから、自分だけの限られた体験や、まわりにいる人や経験者の、ある意味では偏見に満ちたアドバイスから問題を解こうとしてしまって、余計に複雑なことになったりする。

でも実は、恋愛には方程式がある。数学を方程式で解くように、恋愛も方程式を使って解けばいい。

人は、日常の多くの部分を無意識の中で暮らしている。あなたの恋愛相手も同じ。あなたから見れば、すべてを考えて行動しているように思えても、実は普段は何も考えずに過ごしている。だから、**男の心を本当に突き動かす深層心理、つまり無意識の心理を理解すると、こちらが操っていることに気づかれずに、彼を動かすことができる。**

たとえばあなたが何かを買おうと思ってお店に入っても、店員の雄弁な話術に「買わされた」と思ったら、なんだか損した気持ちになるよね。それは、単に一流の店員で、お客様に買ってもらったことで、その人の売上が上がるだけのこと。でも超一流の店員は、もう一つ上のステージを行く。相手を「買わされた」ではなく、「売ってくれて、ありがとう」という気持ちにさせる。そうなると、お客様はリピーターになる。つまり**恋愛でも、自分が操作しながら、いかに相手のスポットライトになるかということが大事**なんだ。

ちょっとややこしいのは、この恋愛方程式は、そのときの状況や相手、タイミングによって、答えが少しずつ変わってくることがあること。たとえばトランプのばば抜きゲームでは、対戦相手の後ろに鏡を置けば、その手の内が全部わかって、簡単に勝てる。

でも、恋愛の場合は、相手も自分がどういうカードを持っているかが、本人ですらわからなかったりする。実はそこがポイントで、**男も女も、自分がどんな恋愛志向を持っているかがわかっていない。つまり恋愛も、数学でいえば未知数の多い問題を、連立方程式で解く必要がある**ということだよね。

彼には彼なりに、人生をつくってきた習慣や癖がある。だから、あなた自身のマインドセット（思考様式）を自分の中で書き換えることができれば、恋愛も新しく展開させられる。連立方程式をたくさん知って、あなたならではのいい恋愛をしていこう。

すぐ喧嘩になってしまうのはなぜ？

恋人と一緒にいると、何げない会話の中で喧嘩をしてしまうことってあるよね。なんでもない日常の中で、つまらないことが原因でつい言葉をすべらせて、喧嘩をしてしまう。その状況が修復されないまま、ずっと続いてしまうこともある。

だから恋愛でも結婚でも、相手と1対1になるときは、心の余裕を持つことが大事。具体的には、**相手の言うことにはすぐに反応しない。つまり、一度、間を置く**。

恋人とデートをするときは、彼が話したあとに2、3秒間を置く。そうするだけで、彼も「俺の話をちゃんと聴いてくれているんだ」という気持ちになり、あなたを信頼してくれるようになる。それを心がけると、自分の中にも彼が話した内容を深く理解する余裕ができて、彼の話にどう返してあげることが、2人にとって一番幸せな関係を築くことになるのかも考えられる。

つまり、**「傾聴の女王」**は、**男性から愛される**んだ。

また、**恋愛では、以心伝心や暗黙の了解はないと思ったほうがいい**。自分が思っていることを相手も思っているはずだとか、言葉にしなくても自分の思いは伝わっているだろうという勘違いは、本当にやめたほうがいい。逆に、**2倍くらいにして言わなければ、伝えたいことは伝わらない、と考えたほうが間違いない**。

人はいろんな不安を抱えていて、とくに恋愛のこととなると、「私はこんなに彼を愛しているのに、彼は私のことをどう思っているのかしら」となりがち。たとえ愛されていることに99%の確信があったとしても、残りの1%で疑惑を膨らませてしまう。

実は彼の心はまったく変わっていないのに、「私、嫌われているかもしれない」と思い込んで、ＬＩＮＥで立て続けにメッセージを送ってしまったりする。思い込みで妄想して自爆する。そんな状況に陥ってしまうんだ。

だから**暗黙ではなく、言葉にする**。言葉にすると、彼の耳にも、あなたの耳にも入るので、お互いの思いが共有できて、その関係性も変わってくる。楚々として、直接的にものを言わないのが昔からの日本女性の美徳といわれてきたけれど、それに振り回されてきた女性が、いかに多いことか！　**恋愛はコミュニケーション**。コミュニケーションでは言葉は必須。言葉の伝え方を、もっと考えていきたいよね。

どうしたら一流の彼ができますか？

男って、本当にしょうもないんだけど、**初対面のときはとくに、相手の女性の本質を見ないんだ。だから女性としては、そのときの自分の見せ方に、十分気を遣う必要がある。**

男には一流と二流があるけれど、その割合は一流1割で二流9割。女性としては、一流の男を落とす方法を知れば、二流の男はあっさり落ちてしまう。自動的にモテてしまうのだから、「モテてモテて、面倒くさい」って、言ってみたくない？

一流とはいえ、男は本当に単純。だからこれを書くと、ほとんどの女性は、すごくがっかりすると思うけれど、**まずは外見が大事**なんだ。

なかでも化粧はすごく重要。**女性は「化粧をした分まで自分の肌」と、一生思っていたほうがいい**。これは派手な化粧ということではなく、自己管理ができているかどうかを男は見るから。化粧が下手だと、「この人、センスがないな」と思う。だから一度、化粧のプロにちゃんと学んだほうがいい。

そして、**姿勢を含めた体のラインにも、普段から気をつけるようにする**。顔もそうだけれど、体のラインがきれいかどうかは、自己管理ができているかどうかにかかっている。男は意外と、女性のそういうところもチェックしているもの。

暴飲暴食をしていないか、きちんと運動をしてベスト体重を保っているか、体調に気を遣っているか、睡眠は十分にとっているか。それらすべてが体のラインに表れることは、女性ならみんな、わかっているよね。男性にも女性にも「だらしないね」と言われないように、自分の体をケアするように心がけたいよね。

あと、実は匂いがすごく大事。匂いはフェロモンと同じで、人の理性による抵抗が最も利かないもの。五感の中でも匂いが自分に合わなかったら、もう絶対に受け付けられない。なかでも口臭は、一度嗅いでしまったら、その人のイメージになる。つまり、**人が醸し出す匂いの一番底辺のところが、その人のスタンダードになってしまう**んだ。

だから男が引くような匂いは、徹底的に削ること。特に、口臭予防には必要以上に気をつけた方がいい。人間の唾液交換の入り口でもあるからね。今は3000円もあれば、口臭予防できる製品が揃えられる。今日から実践してみるといい。

恋愛で不幸になる女性の特徴

今もし、あなたの彼の態度がおかしくなっているのだとしたら、まずは自分を振り返ること。

他者のあなたに対する態度は、あなたの自分自身に対する態度で決まる。だから、あなたのセルフイメージが低ければ、それを書き換えなくてはならない。

セルフイメージは、過去に人からかけられた言葉によってつくられる。たとえば過去の恋愛で誰かに振られた経験があったとしたら、今でもその中で元彼に言われた言葉などがあなたを縛るかたちで、セルフイメージになってしまっている。

だから、まずは**過去のセルフイメージを一度全部否定して、「自分がしたい恋愛の中の自分」を頭の中に描く**。それをセルフイメージに書き換えて、今の彼との恋愛のすべての場面で、それに近づくように行動すればいい。

それは、人から言われる褒め言葉も同じだよね。**褒め言葉は、自分できちんと受け止め**

ないと、自分から逃げていく。ネガティブな言葉ばかりを受け入れていると、それ自体がセルフイメージになって、自分自身がネガティブになっていく。

だから、人から褒められたり、賛辞を受けたりしたら、それを感謝の気持ちを持って自分の中に必ず受け入れてあげる。彼から「可愛いね」と言われたら、それを素直に受け止めて、「ありがとう」と感謝して、そのときに感じた嬉しさを自分の中で抱きしめる。結果として、その積み重ねが人の人生や恋愛をつくっていく。**恥ずかしさを乗り越えて、感謝の気持ちを持つことが大事**なんだ。

恋愛がうまくいかない人や、褒められることが苦手な人は、愛されることに慣れていないことが多い。昔から愛されたり褒められたりしてきた人は、そのことに慣れているから素直に受け止められる。だけど**不幸に慣れている人は、幸せになるチャンスがあっても、幸せに慣れていないから、不幸のほうに行ってしまうことがよくある。**

愛されることに慣れていない女性はたくさんいる。だから、もしあなたが不幸に慣れているならば、**幸せになるように、自分自身が努力していかなければならない。**今日からセルフイメージを変えて、人からいい言葉を受け取ったら素直に感謝する。そうやって、人生も恋愛も変えていこうよ。

追いかけられる女性になるには？

恋愛をすれば、誰もが陥りやすいことなんだけれど、あなたは、いつも彼に合わせて物事を決めてしまっていないだろうか。

人は自然体でいられれば、想定内のことも想定外のこともうまく調整していける。でも、人間関係、**とくに恋愛では、付き合っている彼に嫌われないように、自分の言動をすべて彼に合わせて、想定内の人になってしまうことがよくある。**

そうなると彼にとっては、自分が思ったとおりにあなたが動いてくれるのだから、すごく都合がいい。確かに、職場などでは想定内が必要なときもあるかもしれない。だけど恋愛では、想定内の女になったら最悪。**想定内の女は、安心感があって信頼されるけれど、男にとっては退屈**なんだ。

男は想定内の女に対して、自分の時間とエネルギーをかけない。ずっと側にいるから、追いかけることもしない。男にとっては、思いどおりにならないことがある女のほうが、追いかけたくなるもの。これは、わがままになれ、と言っているんじゃないことは、わかるよね。

ここで大事なのは、想定内であるかないかじゃない。あなたが自分の心に従って、自然体で生きていこうとしているならば、たとえ彼にとって想定外になったとしても、それを恐れることはないということ。つまり、

「彼にとって想定内の人になるために、あなたが努力をするなんて、本末転倒じゃない？」

ということだ。重要なのは、

「自分の心に従って、あなたは生きているのか」

ということ。**無理して彼に合わせて、想定内の人になろうとすることは、あなた自身の個性を殺すことになる。**だから、今日から彼の前で、自分がやりたいことをきちんと言えるようになろう。最初は彼も、ちょっとビックリするかもしれないけれど、あなたを見る目もきっと違ってくるはず。

幸せをつかむためには、自分から変わっていくしかない。そう思ってがんばれ。それで最終的に、彼から追いかけられるほど愛される女になれれば、最高だよね。

「私のほうが愛してる」は絶対ダメ

恋愛は、2人の距離感で勝負が決まる。その法則は、男が2歩近づいてきたら、1歩近づく。そして男が1歩離れたら、2歩離れる。つまり、**男と常に同じところにいるのではなく、少しだけ距離を置いてアメを投げ続ける、「太陽と影の法則」**だ。

男は太陽に照らされるとできる影みたいなもので、女性が追いかけると、どんどん逃げていく。でも女性が、自分の望んでいる目的地、太陽に向かって走り出すと、逆にどんどん追いかけてくる。

テレビの刑事ドラマでたとえたら、男は刑事になりたい人たち。だから泥棒役のあなたが、刑事役の彼のことをずーっと逃げないで待っていたら、彼としては全然面白くないよね。なぜだかわからないけれど、男はみんな狩りが好きなんだ。

彼が「好き」「愛してる」と言っても、その返事は「うん、私も」ぐらいの感じがいい。**「私のほうが、もっと愛してる」なんて、絶対に言ってはダメ。**恋愛では「余地」を必ず残すことが鉄則。**たとえあなたが99％尽くしているとしても、1％の余地を残せば、男の努力するインセンティブ（誘因）が出てくる。**だから、

「彼氏から連絡がありません。どうしたらいいんでしょう？」

という悩みを持つ人の場合も、ほとんどが自分に原因がある。

女性は、追いかける人ではなく、追いかけられる人になることを考えたほうがいい。彼にとって一番退屈なことはどういうことか、2人の間に彼が努力できるだけの余地が残っているかを考えれば、どうすればいいかに、気づけるよね。

実は、恋はされるけれど、愛され続けられない女性の99・9％は、これができない。頭で理解していても、現実で適用できないから、最終的に男に逃げられる。

男は手に入れられないものには、何十年かけても追い続けようと努力する。だから極端な話、戦地の激戦の中でも彼女に連絡を入れてくる（ナポレオンがそうだった）。でも、彼女が退屈な人だと、なーんにもすることがない暇人でも、絶対に連絡を入れてこない。

つまり、女性の態度次第で、男の行動はどうにでもなるということ。彼のあなたに対する向き合い方や、連絡のとり方、確認の仕方などの2人の間の主導権は、あなたがどう出るかで、簡単に決まるし、逆転もできてしまうんだ。

浮気・不倫……別れるべき？　許すべき？

実は男は、彼女が自立していて、別れる決断を自分でできる人だと思うとトリコになる。

「彼女は俺がいないと幸せになれない」という状況だと、守りたい気持ちにはなるけれど、どこかで負担に感じる部分もある。でも、彼女が自立していれば、「一人でいても十分に幸せに美しく生きていけるのに、俺に対してこんなに愛を注いでくれるんだ」と思って、彼女の愛に対して、感謝の気持ちを抱く。

ただ、現実に彼が浮気をしたらどうだろう？　男の浮気には大きく分けて体の浮気と心の浮気の2種類がある。あくまでも生物進化論的にいえば、男は自分の種を残す必要があるので、愛情を持たなくても肉体的な浮気ができてしまう。

だから、彼の浮気が発覚したら、すぐに次の行動に移らずに、状況をよく見極める必要がある。そこで、**彼が相手に対してどういう思いを抱いているのかを見るんだ。**彼の気持ちが相手にはなくて、ちょっとした出来心だとしたら、自分が本命なのだから、浮気を無視するぐらいの器を持つ。

でも、彼が心の浮気をしているとなれば、

「それでも私は、彼と一緒にやっていきたいのか」

ということを、真剣に考える必要がある。ただし、**感情的になっているときは、彼とは直接話さない。決断も避ける。**少なくとも一晩置いて、心を落ち着かせれば、違う風景が見えてくる。これは普段、彼と喧嘩をしたときもそうだよね。

でも、同じ浮気でも、既婚者の浮気の相手だったら、どうだろう。今の日本の結婚市場は男性優位で、魅力的な女性はたくさんいても、素敵な男性はすでに青田刈りされていて、残っている男は「?」という感じの人ばかり。だから、まわりに「やめなよ」と言われながらも、心の余裕があって優しく見える既婚男性に走ってしまう。

だけど、男は社会的な動物。浮気相手に「うちの夫婦関係は壊れているし、すぐに離婚するよ」とは言っていても、ほとんどの男は社会的な体裁を考えて、離婚しない。そもそも「夫婦関係が壊れている」と言った時点で、奥さんに対して失礼だし、人としてもアウトだよね。**そういう男と付き合うのは、女性側に「遊んでやる」ぐらいの強い気持ちがない限り、やめる。**変な期待をして結婚を待つことも、やめようね。

トラブルの渦中から脱け出す3つの武器

恋愛をしていると、いいこともいっぱいあるけれど、彼と些細なことで喧嘩をしたり、彼から連絡が来ないとかでイライラして気分が落ち込むことがあるよね。

でもそういうときは、**男は永遠の5歳児と思えばいい**。付き合っている彼のことを、「この子は、本当にやんちゃで、どうしようもない男の子なんだから」と思えば、笑いながらしつけもできるし、厳しくもできる。

つまりそれぐらい、女性は自分自身を大きくしていかなければならないということ。彼が自分と対等だと思うから、怒りや許せないことが出てくる。だから、**自分のほうが人間的に一段上だと思えば、相手をコントロールできるようになる**。彼を寛容な目でしつけてあげようと心がけると、2人の関係性はずいぶん違ってくる。

それでも恋愛中は、いろんなことが原因で2人の間に波風が立って、心が乱されることもあるよね。だからそういうときは、感情的になって不必要なトラブルを起こさないために、自分の中で、決まり事をつくっておく。僕が勧めるのは、**①睡眠をとる、②文章にする、③誰かに相談する、の「客観化のための3つの武器」を実行する**ことだ。

たとえばあなたは今、東京ドーム3つ分くらいある大きな森の中にいるとする。でもそこから森全体を知ろうと思っても、自分はその中にいるから見えないっていうこと、あるよね。それと同じで、自分が問題の渦中にはまり込んでしまうと、そのこと自体の輪郭が見えなくなってしまう。

だから、①の睡眠をとると、自分の中のかなりの部分がリセットできて、森全体がすっきりと見えてくる。そして②の文章にしてみることで、頭にある主観に飲み込まれそうになった事実が、**自分の目で客観化できるようになる**。もし自分に起きたことと同じことを誰かに相談されたらどう答えるか、という設定で書いてみることもできる。

そして③の誰かに相談して、あなたの声が自分の耳から入ってくることで、**抱えている問題をある程度冷静に判断できるようになる**。人から相談を受けるときには、いいアドバイスができるはずなのに、自分の問題を自分で解決するのはなかなか難しいもの。「客観化のための3つの武器」を使いこなして、不必要なトラブルをなくそう。

過去の痛手が消えません

「あなたは、一人の男を失うことで、残りの男全員を手に入れる可能性が生まれたんだ！おめでとう！」

失恋した人には、僕はそう言って励ますことにしている。

失恋した人のほとんどが、自虐的になるものなので、そう思うことで、次への勇気を出してほしいと思っている。

過去の終わった恋愛に縛られて、何年も立ち直れない人も大勢いる。

僕はその人たちに言いたい。**今の自分から抜け出す唯一の方法は、「彼を許す」こと**なんだと。許すといっても、今は別の世界にいる、現実の彼のことを許すわけじゃない。今もまだあなたの中に生きている過去の彼を、自分の心の平和のために許すということだ。

彼が変わってくれることを期待しても、現実の彼はもう別のところにいるのだから、永遠に変わることはない。でも今のままでは、自分の中にいる彼の残像と、彼との時間は、永遠に消せなくなってしまう。だから、自分の中に棲んでいる過去の彼を許すことで、その残像を消して、心の傷を癒やすことが必要なんだ。

過去にあなたを傷つけたのは、彼の行いや、彼に投げかけられた言葉だったかもしれない。でも現実に、**これまであなたを苦しめ続けてきたものの正体は、自分の中にある別れたことへの後悔の念や、彼に対する憎しみ、自分に対する情けなさといった「あなた自身の感情」**。

それを消すためにも、彼を許す、そして自分を許すことが大事なんだ。

そうすれば、過去の出来事や事実は消えなくても、それに対する「あなた自身の感情」は、少しずつ姿を消していく。そのことで、自分との向き合い方も変化して、あなた自身も過去の恋愛に傷つけられることがなくなっていく。つまり、心の平和を取り戻すことができるようになる。

変えることのできない過去に対する後悔をずっと胸に抱き、他人に傷つけられたことに苦しめられ続けてきた人も、大勢いるだろう。その克服方法も、過去の事実を受け入れ、許すことだということを覚えていてほしい。

第10章

結婚で不幸にならないために

なかなかプロポーズされません

女性全員を敵に回す覚悟で言うと、結婚は、男にとっては本当に割の合わない商売。それでも男が結婚をしたい**一番の理由は、逃げ回る鳥を籠の中に入れたいから**。でも、結婚がうまくいかない女性のほとんどは、籠の中に入って、彼をずっと待っている人ばかり。恋愛の章でも述べたけれど、それでは男にとって、ただのキープでしかないよね。

フランス哲学の考え方をここで借りれば、結婚とは、一人の女とのセックスを独占できる権利を得る代わりに、自分のすべてを犠牲にするもの。つまり、女性は、自分の市場価値を見せつけないと、男は結婚の決断をしないものなんだ。だから彼にプロポーズされるためには、**「私はあなたじゃなければ、ダメ」なんて言って、扉の開いている籠の中でじっとしているのではなく、妻として素敵な女性になるだろうという期待を彼に抱かせなければならない。**

男にとって理想的な結婚相手は、究極的にいえば、恋愛感情の持てるママみたいな存在。男は結婚相手に、ママのような安心感と信頼感を求めている。

ママは、自分に対する絶対的な愛を与えてくれる存在。男は結婚相手に、ママのような安心感と信頼感を求めている。

具体的には、何かしんどいことがあったときには、自分を励ましてくれる人。何があっても、自分を裏切らずに味方になってくれる人。そんな人を求めている。と同時に、男は結婚する相手に対して、ロマンティックさとエロティックさの両方を求める。だから、家の中にいるときも、彼女自身のことを信頼の置けるパートナーとしてだけでなく、一人の女性として見ているということを意識する。女性らしい振る舞いや身なりをするように常に気をつけた方がいい。

つまり、**ママのような、娘のような、恋人のような存在。男はその3つを、ちょうどいい具合に女性に演じてほしいと願っている。**だから、女性は彼より、存在として大きくなる必要があるんだ。女性からの戦略としては、**フリでもいいから、彼の絶対的な味方になって、女性らしく接してあげる。**そのことに尽きると思う。

男性が結婚したくなるタイプは？

男は、恋愛したい相手に関しては、可愛ければいいと思っている。ただそれだけ。でも、結婚したい女性については、ものすごく冷静に考える。

男が一番結婚したくなるタイプの女性は、**その人と一緒にいることで、「自分が好き」「俺はカッコイイ」と思わせてくれる人。**男は、自尊心を満たされると、相手に対する信頼感も持てるようになる。

さらに、**彼に対して絶対的な信頼を持って、「あなたならできる」「もっとできる」「あなたって、素敵よ。能力もある」と、暗示をかけてくれる人**であれば、それがエネルギーとなって、彼は世の中の全員を敵に回しても、彼女のためにがんばれる。可能性という花は不思議なもので、彼女から信じられることが力となって、男の中に咲き始める。ポジティブな意味での予言の自己実現だ。

そして、**彼に対しては、常に「質問の女王」「傾聴の女王」でいるようにする。**たとえば将来について、彼が「〇〇になりたい」と言ったら、「なぜそうしたいの？」と聞いてあげれば、彼もその答えを自分の中から引き出していくうちに、ほかの可能性についても気づけるようになる。

人は、ポジティブな質問をされればされるほど、よりポジティブな方向に導かれていく。あとはその話を、じっくり聞いてあげる。

人は自分にエネルギーをくれる人に価値を見いだすもの。男は彼女のくれるエネルギーで、ずっと生きていけるものなんだ。要するに、自尊心を上げ、成長へ導いてくれる女性と、男は一緒になりたいと思う。

もう一つ、**男が結婚したいと思う女性のタイプは、自分を絶対に裏切らない人**と思わせてくれる人。だから、たまにでいいので、

「私はあなたを、絶対に裏切らないからね」

と、彼に信頼の言葉をかけることも、意外と効果は抜群なんだ。

服装や会話のコツは？

現実的な話ではあるけれど、あなたが結婚を望んでいるならば、ラグジュアリーなブランドものを買うのは、ほどほどにしたほうがいい。

恋愛中ならいざ知らず、男は結婚相手のこととなると、急に相手の金銭感覚や倫理観を慎重に見極めるようになる。

だからデートのときは、高価で派手な服よりも、清潔感があって、カラーセンスを感じられるコーディネートを心がけよう。

恋愛しているときは、彼女が可愛くて魅力的であればいいと思っている。ちょっと浮かれた気持ちで相手を眺める。でも、結婚を考えるようになると、すごく現実的になり、相手の女性の本質的なところを見るようになる。まあ、自分の一生の幸せがかかっているから仕方ないよね。

つまり、自分の目の前にいる女性と結婚したら、結婚生活はどうなっていくのか、将来子どもが生まれて、その子どもから見たときに、ママとしてはどうなのか、ということを考えるようになる。

だから、彼に遊びや恋愛相手としてではなく、結婚相手として見てほしいのなら、派手で華やかな服装や化粧はほどほどにして、シンプルで清楚な格好をすることだ。外見で彼を惚れさせることよりも（初期はそれでもいいけど）、心遣いや優しい配慮、感情的な穏やかさと、何事にもフェアでポジティブな捉え方をする、といった、自分のより本質的なところを大事にする姿を見せたいよね。

これはデートのときの会話でも同じ。

彼は結婚相手のこととなると、将来子どもが生まれるときのことを考えて、自分たちの子どもからして、人格的にも、倫理的にも、尊敬でき、見本になるような、ママになれる人なのかどうかを、見極めるようになる。

だから、2人だけの会話だからといって、人のよくない噂話をしたり、悪口を言ったり、ひがんだ物事の捉え方をするなど、人間としての配慮や倫理観の欠けたデリカシーのない話は、絶対にしないことね。

そういった心遣いは、恋愛に限らず、人間関係の中ではとくに大切にしたいね。

結婚後もぞんざいに扱われないカギ

「彼女とはもう10回以上会っているんだけど、まだわからないところがある……」

男は、そう思える女性のことを、もっと知りたくなる。

たとえば会話をしているときも、**質問に対してそのまま素直に答えるのではなく、暗示的な答えが返ってくると、心をグッとつかまれたようになる**。これはちょっとした恋愛テクニックのようなもので、男をトリコにしてしまう。つまり男にとっては、安心感より神秘性が、心に響くということ。

でも、結婚しにくい女性のほとんどは、彼に対して誠実にありたいと思いすぎて、自分を全部見せてしまう。そうすると彼のほうも、「はい、はい。安心しています」と、なんだか味けない感じになってしまう。

2人の関係では、男に信頼されると愛は深まるかもしれないけれど、恋のトキメキはなくなる。だから、とくに**結婚を考えた恋愛では、女性としては、いかに見せない部分をつ**

くるのかがカギになってくる。男にとっては、「見えない」「わからない」部分があれば、逃したくなくなるんだ。

『悲しみよこんにちは』を書いたフランスの女流作家フランソワーズ・サガンが、こんなことを言っていた——女性が服を着る際、男性が「脱がしたい」と思わせる服を着た女性が、一番ファッションセンスがあると。

女性が肌を露出した服を着ていれば、男がその服を脱がしたがるかといえば、そうではない。見えないものこそが見たい、ということもある。たとえばヌーディストビーチを歩いていても、おそらく性欲は起きないだろう。でも、服をまとった中には、どんな裸が隠されているのだろうかと思うと、逆に見たくなる。つまり、禁止されているものに対して、人は欲望を抱くもの。

結婚したい女性が今やらなければならないのは、現在持っている自分の魅力資産を男に見せつつも、これからもっと工夫して暗示的な魅力を高めていくこと。そうすれば、男が心から喜べるような魅力を永遠に身につけていくことができる。それがわかれば、男は結婚に踏み切るよね。

夫婦喧嘩の7つの流儀

1. 夫婦喧嘩では「勝てる」ことを目標とせず、「負ける」ことを目標とすること

2. 謝るときはパートナーの反応（特にポジティブな反応）は期待せず、謝ることに徹すること

3. パートナーのミスが明白なとき、そしてそれをパートナーもわかっているときは、そのミスを責めないこと

4. 他者がいる場では、決してパートナーを批判しないこと

5. パートナーの欠点は自分にもある。パートナーを批判する前に、その批判を自己への

内省に変えること

6. 夫婦喧嘩中、最後の言葉（相手への批判や攻撃の言葉）は、発せず、飲み込むこと

7. 正しさを押し付けない。正しさと正しさが出会うと衝突が起きる。正しさの代わりに優しさを浴びせよう。そして、最後はパートナーの「完全なる味方」になること

要は、夫婦喧嘩を愛のバトルにすり替えていくと良い。

愛せるって、本当に幸せなことなんだ。愛の泉は、幸せの泉でもあるからね。

大切なものはいつか必ず失うときがくる。目の前にいるパートナーの顔が見れなくなるときが予告無しに訪れることを想像してみよう。たとえ、そのときが訪れても、悔いの残らないように、目の前の大切な人を愛し、愛し、愛し尽くそう！

夫がリストラ、病気になったら？

「夫がリストラに遭ったとき、妻の私はどんな反応をすればいいのでしょうか？」

何年も夫婦でいると、そういうこともあるよね。そんなときは、**「あなたは一つの道を失ったけど、残りのすべてを手に入れる可能性を得たのよ」と言って励ますといい。**競走馬として、ゲートに横一列に並ばされて前だけを見て走ってきたけれど、その行き先には幸せの保証なんてあるかどうかわからなかった。でも、クビにしてもらったおかげで、違う道に外れることができた。今日から、視界がパッと開けて、これが本物の幸せの出発点だよね、と。

つまり、**肝心なときに、夫に発破をかけられる妻かどうか**なんだよね。夫が弱っているときにこそ、強くなれる。それこそが、妻のパワー。

僕と妻も割とそんな感じで、僕のエネルギーが落ちたときは、彼女が必ず元気づけてくれる。**どちらかが弱っているときは、どちらかが元気にがんばっているんだ。**

たとえば風邪も、基本的には2人が一緒にひいてしまうことはない。たとえ両方が風邪をひいたとしても、どちらか片方のほうが必ずひどい症状になる。そうすると、もう一方が強くなる。つまり、片方の症状が重いと、もう一方は、自分の痛みをいつの間にか忘れてしまう。これはたぶん、愛の力でもあると思うんだ。

「ここぞ、私の出番！」と思えるかどうかなんだよね。私はこの人を勇気づけるんだ。私が先導していくんだというふうになれるかどうか。いつもは可愛い人だけど、いざというときは頼りになる人になる。いろんな面を状況によって使い分けて、夫に見せてあげるといい。そうすると、必ずあなたのトリコになる。

女性は可愛さ・強さ。男性は優しさ・強さがあるのが一番いい。可愛いだけ、強いだけじゃダメ。両方を兼ね揃えていないと、一時的な恋はできても、本質的に愛の続く結婚はできないんだ。でも、使い方を間違えたら致命傷。強さがほしいときに、可愛げを全面に出しても、「そんなことじゃねぇ」みたいな感じになるよね。

僕が以前、病気をしたとき、妻が僕の傍らに寄り添って、「私がついているから、何があっても大丈夫！」と言ってくれた言葉には、ものすごい励まされた。そういうときの強さにこそ、愛を感じるよね。

column

男性が結婚を意識するとき

僕の妻は日本人。日本の大学に留学したときに出会い、すぐ付き合うようになった。

僕は彼女と出会うまでは、いろんなことを犠牲にして日本に留学しに来ていたから、とにかく勉学だけを命綱のようにして生きていた。誰かと飲みに行ったり、温かい言葉をかけ合ったりということもなく、自分の中だけで完結した毎日を送っていた。いつもピリピリして、恋愛はおろか、人と心から笑い合うこともない人間だった。

でも、妻と初めて出会った瞬間に、それが変わった。

ものすごい愛のパワーを感じて、「この人は、僕の伴侶なんだ」と直感したんだ。

そのときの僕には「恋人として付き合う」という感覚はなかったから、次の瞬間にはもう「付き合うということは、結婚することだけど、それでも大丈夫?」と言っていた。ほどなく彼女からも「よろしくお願いします」という返事をもらい、それから現在まで、ほぼ毎日ずっと一緒にいる。

それでも出会ってからの10年間は、僕はまだまだ自分の未来が大事で、この社会の中での「なりたい自分」と「なれていない自分」の間に挟まれて、相当神経質な毎日を送っていた。でも10年目ぐらいのある時期、**僕が病を患ったり、ちょっとしんどい思いをしたりしたときに、彼女が僕のすべてをずっと受け止めてくれていたことに気づいた。**

それまでは、一つ年下の彼女のことを自分の娘のように思っていて、「僕が未来の道を決めるから、君はそれについてきて」という感じでいた。

でも実は、彼女は僕の母のような存在でもあったことに、初めて気づいたんだ。彼女が身をもってついてきてくれたのは、僕に力があったからではなく、僕に対する優しさと愛があったからだったんだと。

それからはもう、償いの毎日。2人でいても、日に数十回、お互いに「ありがとう」「愛してる」という言葉をかけている。過去にそれなりの歴史があったからこそ、やっと2人で手に入れた幸せを、今、確かめ合っている。

男には、自分の進路に対するコンプレックスや不安があるから、どうしても神経質になる時期がある。自分に一番優しく接してくれる彼女に、当たることもあるだろう。

それは決して褒められたことではないけれど、**傍らにいる彼女が「ここは私が支える時期だから」と、一時の彼の言葉ではなく、過去も未来も含めた彼の行動を信じて愛を育んでいけば、2人の関係は大きく変わっていく。**

僕はそれを、経験を通して知ったんだ。

第11章

旅で力を呼びさまそう

自分がわからなくなったときは

女性として、凛としてしなやかに美しく生きる。それは自分の未来に向かって、自由に幸せに生きていくためには、とても大切なこと。社会的因習に縛られて、誰かに自分をおもねて生きるのではなく、自分という「個」を持ち、背筋を伸ばして、自分ならではの道を広い心で見渡しながら、しなやかに歩いていく。そんな生き方を目指してほしい。

ただ、そのためには、**自分の心の声にいつも耳を傾けている必要がある。**でも心の声は、初めはとても小さくしか聞こえないから、注意して耳を傾けないと聞き逃してしまう。まわりの音にかき消されて、大切な言葉が聞こえなくなってしまうんだ。

自分の心の声との対話は、人との会話を止めた瞬間に始まる。だから、それを聞き逃さないためには、外からの音を遮断しなければならない。**一人になって自分と向き合い、自らを省み、今と未来の自分のことを深く考えていく時間が必要**だ。

自分との時間を象徴するのは旅。多くの人は、旅といえば親しい人と一緒に出かけて、観光地を見て歩くことを連想するかもしれない。でも**一人で出かければ、旅は自分と向き合い、対話できる時間になる**。それは、旅の同伴者はあなた自身だから。

旅先で、新鮮な風景や芸術作品を見て感動したその先に、自分の心の中で「何が起きたか」を知る。実はそれが、旅の一番の魅力だ。

僕は、日常の中で心の声が聞こえなくなりそうになると、「新しい自分」に出会うために旅に出ることにしている。そうすることで、自分の中にある「本当の心の声」や「ありたい自分」「これからの未来」がはっきり見えてくるようになる。だから、**旅の最中はできるだけ、目の前のいろんなことを素直に感じられるようにしている**。

そして、**その感覚を記録しておくために、旅の日記をつける**。それは「今日はガウディの教会を見た」という事実の記録ではない。「時間軸を超え、ガウディの作品がつくられ続け、亡くなった今も、彼の魂は生き続けている」と、そのとき自分が感じたことを書く。

そしてそれは、自分自身の普遍的で本質的な洞察につながっていく。「私もそういう仕事がしたい」「伝統を受け継ぎたい」という、未来への思いを生み出していくんだ。

自分を見つめる究極の方法

旅の中でも、自分と対話するのに適しているのは、特別な目的なしで海外に滞在することだ。なんらかの理由で会社を辞めることになった、仕事ばかりの毎日から解放されて休みがとれたという人には、僕は短期間でいいから、トライしてもらいたいと思っている。

仕事を辞めた人は、次の仕事を見つけるまでの間を日本で悶々と過ごすより、海外に3週間滞在することで、**日本でのしがらみから解放され、自分を見つめ直すことができる**。会社員でも、2週間の休みがとれれば、気分一新、自分とじっくり対話できる。

なかでも僕がいいと思う場所は、フランスのパリ。パリであれば、飛行機も格安航空券を使えば往復10万円くらいで行けるし、滞在費用も短期貸し出しアパートやコンドミニアムを利用して生活費を切り詰めれば、月30万円くらいで暮らせる。飛行機代はかかるが、自分と向き合う大切な時間だと思えば、出せない金額ではないよね。僕なら、思い立ったらパスポートだけを持ってタクシーに乗り込み、空港に向かうまでの間に、スマホで全部予約を入れるだろう。

言葉が通じない、一人で行くのはハードルが高いといって、躊躇する人も多いかもしれない。でも、今はほとんどのところで英語が通じるし、たとえ地元の人が多い地域で英語が通じなかったり、自分が英語ができなかったりしても、パリでもフィレンツェでも住人はとても優しいので、そこはなんとかなるもの。実際に日常生活の中で、交わす会話は本当にシンプルなものだし、地元の人と本格的に議論する場面をつくらなければ、それはそれですむしね。

今の自分よりちょっとだけ背伸びした場所に行って、生活してみることに意味がある。

それに、そうした不安は、実は思い込みによるところが大きい。たとえばパリに観光に行ったことがある人は、そのときに入った店の人の対応が悪かったことが印象に残っていて、パリの人全員がそうだと思い込む。でも日本でも、たとえばどこかの団体旅行客がブランド店で爆買いをして大騒ぎをしていたら、店員はイヤになるよね。観光客がよく行くところには、そういうことがつきものなのだというだけのこと。

知らない街に滞在してみれば、自分の思い込みなんてどこかへ吹き飛んでしまうほど、毎日新しい発見がある。それは、自分に出会うことにもつながる。

旅先で暮らす本当の意味

僕と妻がパリやフィレンツェに拠点を持って滞在するようになったのは、「死ぬ前に住んでみたい都市」を2人であげてみたのが始まりだった。地図を出してきて、ああだこうだと考えて、一番は「とりあえずパリでしょ」ということになり、あとは「ルネサンスのフィレンツェだね」「情熱的なバルセロナもいいよね」「音楽のウィーンもありかな」と、決めていった。

それらの都市を選んだ唯一最強の根拠は、自分が住んでみたいから。そして、そこに住む自分が一番想像できないから。つまり、僕はパリに憧れを持っているからこそ、そこに住む自分を想像できなかった。でも、実際にパリに住んでしまえば、その憧れを僕の退屈な日常に変えることができると思ったんだ。だからこそ、一番住みたいところに住んでみた。**決断して、行動に移せば、夢や目標はすぐにでも実現できる**ということだよね。

だから3週間でいい。パリや住んでみたいところに一度でも行って暮らしてみれば、その感覚がわかるようになる。

そのときのポイントは、滞在するところはできるだけ一箇所に決めて、その都市から移動しないこと。そして、**何か特別なことをするのではなく、パリならパリジェンヌと同じように生活すること**。3週間滞在すれば、3日目ぐらいから落ち着いて生活ができるようになり、自分の中でもまわりの風景が日常的に見えるようになってくる。アパートの窓の外に見える絵のような景色さえ、日常的になっていく。

パリは散歩をするのにとてもいい街。プラタナスの並木道をのんびり歩いて日曜日の朝市を覗いたり、セーヌ川の岸辺でバゲットのサンドイッチを食べたり、カフェでゆったり過ごしたりと、ただそれだけで、満ち足りた気分になる。

それに、女性にとってはパリは特別な街。きれいな品物が美しく並べられたショーウィンドーや、レースを編み込んだような繊細な建物のファサードを日常的に目にするだけでも、幸せな気持ちになるよね。また、街では年齢を問わず、魅力的な女性が颯爽と歩いているのが目立つ。**自由で、自立して、美しく、センスもよく、シンプルかつ幸せに生きているフランス女性を見れば、日本人女性なら誰でも、感じるものがあるはずだ。**

だから一度、パリで生活をしてごらん。自分の世界がどんどん広がっていくから。

人生を最短で変えるなら

旅先で生活してみる。ただそれだけで、人生は変わっていく。

人が未来に向かって生きていくためには、自分に対するセルフイメージを上げることはとても大事なこと。**セルフイメージは、ほかの人がしていない経験を自分がしているという感覚を持つことで、上げることができる。**

たとえば子育てのときに、ほかの子どもと同じ経験ばかりをさせていると、子どもはそこでの順番ばかりを考えてしまうようになる。でも、中学生のときに3週間だけ、一人でカナダでホームステイをした経験があれば、それがその子の「原体験」になる。つまり、多くの子がやったことのない経験を自分がしていると思うだけで、その子のセルフイメージは上がっていく。

それは大人になっても同じ。**決断して、行動して、他人とは違う海外で生活するという原体験を持てば、自分の可能性をどんどん広げていけるようになる。**海外で生活をしてみることで、あなたのセルフイメージを、グッと引き上げることができる。

パリに旅行したことのある人は10人のうち3、4人はいるかもしれない。でも、生活したという原体験がある人はほんの一握り。それを一人で成し遂げたことだけでも、自分への自信になる。自信ができることで、人と比べることよりも何よりも、自分という確固たる「個」を持つことができるようになる。

日本に帰ってからの日常の中でも、お店で馴染みのあるフランスの小物を自分の暮らしに取り入れたり、パリでの生活のようにそれまで行ったことのないところを散歩してみたり、書店で買ったことのない雑誌を手に入れて読んでみたりと、以前の日本での自分とは違うことをやってみる。それだけで、まるでパリでの生活のようにワクワクできるよね。**自分だけの幸せとは、そんなところから感じていけるもの。**

今までこだわっていたブランドもののバッグを買うのはやめにして、そのお金を、**目には見えないけれど、自分の本質のために使うと決意する。そして、自分の中の頑なな思い込みは捨てて、ちょっと背伸びしなければならない場所に、思いきって飛び込んでみる。**

小さなことに思えるかもしれないけれど、それこそが、**あなたの人生を最短で大きく変えていくきっかけになる。**

おわりに

一度しかないせっかくの人生。やりたいことは、全部試してみたほうがいい。

僕は以前、救急車で運ばれ、死の恐怖に襲われたとき、そう痛感した。

「やったことによる後悔」はその後の生きる糧になるけれど、「やらなかったことによる後悔」は、いつまでも消え去ることはない。

人生は、体験したことだけが自分の世界になる。

僕たちの人生には、最初から自分のために舞台が用意され、成功が保証されたかたちで挑戦に踏み切るといったシンデレラストーリーはない。

でも、だからといって絶望する必要もない。

あなたが人生を変えたいと思うのなら、あれこれ考えすぎず、「やってみたい」という素直な気持ちを何よりも優先して、最初の一歩をできるだけ早く踏み出せばいいだけ。

そのためには、今この瞬間から、「自分の人生の指揮権を取り戻す」ことも必要だ。人生は車の運転と同じで、他人にハンドルを握らせると、たちまち迷走してしまう。だから自分の人生のハンドルは、あなたが握ることを決して忘れないでいてほしい。

そして、過去から現在に引かれた人生の延長線上ではなく、「ありたい未来の自分」から現在の自分に引いた線上を歩く人生を送る。過去の自分に縛られた人生ではなく、「未来の自分」に導かれ、引き上げられ、褒められる人生を歩いていこう。

あなたには、今よりもっと自由に、美しく、幸せに生きる権利がある。

大事なのは、「あなた自身があなたの人生の主役である」ことを忘れないこと。

「これからの人生を思う存分楽しむ」こと。

表面的なことに惑わされずに、心の奥にある声に耳を傾け、「自分を幸せにするのは、ほかの誰でもない、わたし自身なのだ」ということを胸に、明日ではなく今日この瞬間から、幸せを感じ取っていこう。

自分を愛せる道を選び、自分の幸せを手に入れるために、自力で生きていく――。

そんな妹たちのことを、兄はいつまでも見守っている。

ジョン・キム

ジョン・キム

作家。韓国生まれ。日本に国費留学。米インディアナ大学マス・コミュニケーション博士課程単位取得退学。博士（総合政策学）。ドイツ連邦防衛大学技術標準化部門博士研究員、英オックスフォード大学知的財産研究所客員上席研究員、米ハーバード大学インターネット社会研究所客員研究員、2004年から2009年まで慶應義塾大学デジタルメディア・コンテンツ統合研究機構特任准教授&プログラムマネージャー、2009年から2013年まで同大学大学院政策・メディア研究科特任准教授。2013年からは、パリ・バルセロナ・フィレンツェ・ウィーン・東京を拠点に、執筆活動中心の生活を送っている。著書に『媚びない人生』（ダイヤモンド社）、『真夜中の幸福論』（ディスカヴァー・トゥエンティワン）、『時間に支配されない人生』（幻冬舎）、『断言しよう、人生は変えられるのだ。』（サンマーク出版）、『来世でも読みたい恋愛論』（大和書房）、『絶望に声を与えよう。』（きずな出版）、小説『生きているうちに。』（サンマーク出版）等、共著に吉本ばななさんとの『ジョンとばななの幸せってなんですか』（光文社）がある。『女性自身』コラムニスト、KLMオランダ航空アンバサダー、銀座ロフト「見エル女子図書館」館長などを歴任。

女の子が自力で生きていくために必要なこと

2018年3月25日第1版第1刷発行

著　者　ジョン・キム
発行者　玉越直人
発行所　WAVE出版
〒102-0074　東京都千代田区九段南3-9-12
TEL 03-3261-3713　FAX 03-3261-3823
振替 00100-7-366376
E-mail: info@wave-publishers.co.jp
http://www.wave-publishers.co.jp

印刷・製本　萩原印刷

NDC159　207p　19cm　ISBN978-4-86621-129-9